Mathias Wais Hilfe – ich bin hochbegabt! Na und?

Mathias Wais

Hilfe – ich bin hochbegabt! Na und?

Mit schlauen Füchsen unterwegs

In Zusammenarbeit mit Kindern der Buchwerkstatt Dortmund
Lukas Fabian, Anna Katharina Krause, Lisa Schenk,
Jonas Schneider, Jan-Philipp Stratmann

INFO3 VERLAG

Die Buchwerkstatt ist ein Projekt
der Beratungsstelle am Hesseweg 24 in Dortmund.
www.beratungsstelle-hesseweg.de

Bibliographische Information der Deutschen Bibliothek

Die Deutsche Bibliothek verzeichnet diese Publikation in der Deutschen Nationalbibliografie; detaillierte bibliografische Daten sind im Internet über http://dnb.ddb.de abrufbar.

ISBN 978-3-95779-006-4

Typographie und Satz BUCHSTABE · Helmut Stabe, Halle
Druck und Bindung Jelgavas Typogrãfia, Jelgava, Lettland

Was man hier so alles lesen kann

Vorwort *der Deutschen Gesellschaft für das hochbegabte Kind*

Lieber Leser, Stöberer, Hineinschreibender, Hilfesuchender, sich selbst Wiederfindender, als Eltern sich als ertappt Fühlender, als Lehrer oder Erzieher sich selbst Erkennender, …. Ihnen Allen ist dieses Büchlein ans Herz gelegt.

Die Buchwerkstatt, in der dieses Buch entwickelt wurde, fand zwischen Mai 2006 und August 2007 statt. Die Arbeit wird dort weitergeführt.

Die Neuauflage des vorliegenden Buches lädt zur Gründung weiterer Werkstätten ein.

Es wurde z. B. in Schleswig Holstein den Schülerpaten von der DGhK als besonderes Präsent überreicht. Es war und ist für Kinder, die auf dem Wege zur Beschäftigung mit ihrer eigenen Hochbegabung sind, eine wertvolle Hilfestellung. Aber auch in der Elternberatung und bei pädagogisch Geschulten geben diese authentischen Schilderungen ein besseres Verständnis im Umgang mit Hochbegabung und Hochbegabten.

Hochbegabung ist keine Krankheit. Trotzdem gibt es viele Betroffene. 2 bis 3 % aller Menschen sind mit dem Phänomen besonderer Begabung beschenkt worden. Deshalb heißen sie auf englisch »gifted children« (beschenkte Kinder), im spanischen sogar »superdodatos« (besonders Beschenkte).

Innerhalb der DGhK gibt es viele Kinder-/ Elterngruppen, die sich eigenen Namen gaben. Stellvertretend seien hier die Norderstedter Luchse (www.norderstedter-luchse.de) aus dem Norden und die Kleverkids (www.kleverkids.de) aus Bayern erwähnt.

Wir freuen uns über die Wiederauflage einer Publikation, die unsere ehrenamtliche Arbeit unterstützt und vor allem den Kindern hilft.

Hans-Ulrich Greiner, Präsident der DGhK
Februar 2014

Worum geht es in diesem Buch eigentlich?

Okay. Deine Eltern haben dir also gesagt, du seist »hochbegabt«. Vielleicht hast du erst mal gedacht: »Na, wenn schon.« Oder du hättest am liebsten »Hilfe« gerufen. Oder du hast gedacht: »Warum machen die so einen Aufstand darum?« Kürzlich warst du bei einem Psychologen. Da musstest du ein paar Tests machen.

Du solltest zum Beispiel Bildkärtchen so in eine Reihenfolge legen, dass sie eine sinnvolle Geschichte ergaben. Oder du musstest mit Würfeln ein Muster nachbauen; oder auf einzelnen Bildern herausfinden, was da fehlt. Das war ja noch ganz amüsant. Teils schwer, teils leicht waren die vielen Fragen, die du beantworten solltest – »Was sind Hieroglyphen?«, »Was ist das Gemeinsame von Eis und Dampf?« – und dergleichen mehr. Spannender waren dann wieder die Mathe-Aufgaben: »Elisabeth ist 12 Jahre alt, ihr Vater ist 38 Jahre alt. In wieviel Jahren ist ihr Vater genau doppelt so alt wie sie?«

Die meisten Aufgaben fandest du ziemlich leicht. Vielleicht hast du dich trotzdem bemüht, alles gewissenhaft zu erledigen und zu beantworten. Vielleicht gehörst du aber auch zu denjenigen schlauen Füchsen, die sich bei solchen Testuntersuchungen einen Spaß daraus machen, sich komplizierte Antworten oder extra falsche Antworten auszudenken. Dann hast du dir bei dem Würfeltest eigene interessante Muster ausgedacht oder die Bildkärtchen so zusammengelegt, dass eine ganz neue Geschichte herauskam, die dir jedenfalls sehr sinnvoll erschien. Ist ja auch interessanter als immer nur das zu machen, was ohnehin schon klar ist.

Nach dem Test haben sich deine Eltern und der Psychologe zusammengesetzt und dann sind deine Eltern mit feierlichem Gesicht nachhause gekommen und haben dir eröffnet … ja, etwas, das du vielleicht gar nicht hören wolltest, aber dir auch doch schon irgendwie gedacht hast. Deine Eltern jedenfalls haben ein Riesending daraus gemacht. In jedem Satz kam mindestens zwei Mal das Wort »hochbegabt« vor. (Naja, das ist jetzt übertrieben, aber so fühlte es sich für dich an.) Warum nur machen die solch ein Theater darum herum?

Und vor allem: Was erwarten die eigentlich jetzt von mir, hast du dich gefragt. Immer nur Einser? Oder soll ich auf der Stelle sagen, dass ich ein Erfinder, ein Raumfahrer, eine Bundeskanzlerin, eine Schriftstellerin, eine Mathematik-Professorin werde? Jedenfalls fandest du diese Ansprache deiner Eltern etwas ungemütlich. *Einerseits.* Denn, liebe Leute, hast du dir gesagt, ich möchte einfach nur normal sein. Bitte keine überdrehten Erwartungen an mich stellen.

Nebenbei: Die stelle ich ja schon selbst an mich. Wie war das mit der letzten Mathe-Arbeit? Wegen eines dämlichen Flüchtigkeitsfehlers ist nur eine Zwei Minus daraus geworden. Ich hätte in den Erdboden versinken können. Am liebsten wär ich gar nicht mehr zur Schule gegangen. Zumal die anderen gefeixt haben: »Ist wohl nicht so weit her mit deiner Hochbegabung, wie?«

Andererseits: Du hattest dich selbst schon öfter mal gefragt, ob vielleicht irgendetwas mit dir – oder mit den anderen? – nicht stimmt. Ob du irgendwie anders bist. Das fing schon im Kindergarten an: die Spielchen, die du ständig mitmachen solltest, weil die Erzieherinnen offenbar so begeistert davon waren; die Hüpfburgen, Kugelbäder und die ewigen Memory-Karten fandest du ziemlich albern. Lieber hast du dir Bücher angeschaut mit Fotos vom Universum, von den Planetenkugeln, die umeinander herumkreisen, von fernen Sternen, von Kometen, die durchs Weltall sausen, als hätten sie dringend etwas vor. (Nur: Was bloß?) Jedenfalls hattest du das Gefühl, im Kindergarten nichts zu lernen. Umso mehr hattest du dich auf die Schule gefreut – endlich mal mehr erfahren, über die Kometen zum Beispiel: Wo kommen sie her, wo rasen sie hin? Aber wie groß war deine Enttäuschung, als die Lehrerin am Ende des ersten Schultages ein »A« an die Tafel malte, und das mit einer wichtigen Miene, als würde sie euch in die letzten Geheimnisse der Menschheit einweihen.

Lesen und Schreiben konntest du längst. Du hattest es dir selbst beigebracht. Vor allem beim Autofahren. Reklameschilder interessierten dich besonders. Du hattest es schnell heraus, dass da immer wieder die gleichen Zeichen vorkamen. Und wenn dann im Fernsehen die Namen der Sachen gesagt wurden, die man kaufen soll, und dazu das Bild von der Verpackung erschien mit der gleichen Zeichenfolge wie auf der Reklametafel, war bald klar, wie die Worte mit den Zeichenfolgen zusammenhängen. Eine Frage allerdings blieb ungelöst übrig: Woher wussten die Erwachsenen von dem Zusammenhang zwischen den Zeichen und den Worten?

Und jetzt solltest du also tagelang üben, das »A« zu schreiben, und dir Worte ausdenken, die mit »A« anfangen. Am zweiten Tag ließ die Lehrerin sich hoheitsvoll herbei, das »B« an die Tafel zu schreiben. Kurz, es war eine Zumutung. So bist du nach der letzten Stunde der ersten Schulwoche zur Lehrerin gegangen und hast ihr klipp und klar gesagt: »Ich kündige.« – Leider hat sie es nicht ernst genommen. Nur beleidigt war sie.

Oder vielleicht gehörst du zu den schlauen Füchsen, die die Gabe der Geduld haben. Dann hast du dich angepasst, hast immer treu gewartet, bis deine Klassenkameraden das endlich kapiert hatten, was du schon lange wusstest.

Wenn du aber einer von den schlauen Füchsen bist, denen manchmal der Kragen platzt bei so viel Zeitverschwendung und Langeweile in der Schule, dann hast du vielleicht versucht, dir den Schulalltag etwas interessanter zu machen: Hast der Lehrerin Fragen gestellt, um etwas wesentlichere Informationen aus ihr heraus zu locken. (»Warum hat das A seine Spitze nach oben statt nach unten?«) Oder du hast, wo es eben notwendig war, die Lehrerin korrigiert. Wenn sie zum Beispiel behauptet hat, »Apfel« würde man immer gleich schreiben – du hattest vorher gefragt, ob man es auch mal, wenn man Lust dazu hätte, mit zwei »l« am Ende schreiben dürfe –, weil alle Äpfel gleich seien, dann hast du dagegen gehalten: »Es gibt aber gespritzte und ungespritzte Äpfel. Und was ist, wenn jemand ›Herr Apfel‹ heißt, aber gar nicht wie ein Apfel aussieht – kann man da dann ›Apfel‹ mit zwei ›l‹ schreiben?« Deine Klassenkameraden haben dich dann immer angeguckt, als kämst du von einem anderen Stern. Naja, und die Lehrerin war schon nach wenigen Wochen so entnervt, dass sie deine Eltern angerufen hat. Und diese dann: Erst waren sie so stolz darauf, dass der Psychologe dich zum »hochbegabten Kind« ernannt hatte. Jetzt auf einmal hieß es: »Pass dich an.«

So, jetzt sind wir etwas abgeschweift. Aber wir sind wieder da angekommen, wo wir auch hinwollten: »Pass dich an«, sei normal. – Aha! Also erstens heißt es: »Du bist hochbegabt«, also nicht normal, zweitens aber: »Pass dich an«, sei normal. Wie, werte Eltern, soll das zusammengehen? Und vor allem fragst du dich das für dich selbst: Wie bekomme ich das zusammen? Ich will normal sein, nicht immer auffallen, wenn ich nur den Mund aufmache, will wie die anderen Kinder auch sein. Aber du merkst eben auch, dass da etwas anders ist bei dir. Wie passt das zusammen?

Also erstens musst du wissen: Du bist nicht das einzige hochbegabte Kind auf dieser Erde. Es gibt noch Zigtausende, ja Millionen davon auf der Welt. Und die haben genau die gleichen Wünsche, die gleichen Fragen wie du. Auch sie wollen ganz normale Kinder sein und fragen sich, was an ihnen anders ist. Und ein paar, genau gesagt fünf, von diesen Zigtausenden von Kindern, denen es genau so geht wie dir, haben sich zusammengesetzt und sich gesagt: Wir wollen etwas für Unseresgleichen tun. Wir wollen anderen schlauen Füchsen und Füchsinnen helfen, ihnen zeigen, dass wir sie verstehen, dass wir ihre Erlebnisse kennen und ihre Sorgen teilen; ihnen vielleicht den einen oder anderen Tip geben, wie sie mit ihren Fragen und Nöten, ihrem Frust, den sie sich in der Schule manchmal holen, umgehen können.

Ja, und so ist daraus dieses Buch entstanden: ein Erzählkummerkastenratgebererfahrungsaustauschundschreibmitbuch (das ist übrigens eines der längsten Wörter auf der Welt). Ein Buch für dich. Die Kinder und ein Erwachsener, die sich über viele Monate getroffen haben, damit dieses Buch entstehen konnte, möchten dir dieses Buch als einen Begleiter, einen Kameraden geben. Es soll dich begleiten, wenn du dich mal wieder fragst, ob du eigentlich auf dem falschen Stern gelandet bist.

Du brauchst es nicht gleich von vorne bis hinten durchzulesen. Du kannst hinten anfangen. Oder in der Mitte. Oder du liest nur ab und zu mal ein Kapitel, das dich gerade interessiert. Oder auch immer wieder das gleiche Kapitel. Und vor allem: Wir sind sehr daran interessiert, von deinen eigenen Erfahrungen und Ideen zu den Geschichten und Erlebnissen zu hören, um die es in diesem Buch geht.

Zu jedem Kapitel gibt es ein oder zwei Fragen oder Anregungen, damit du deinen eigenen Kommentar, deine eigenen Erfahrungen dazu aufschreiben kannst. Und wir wünschen uns, dass du uns das schickst.

→ An: Info3 Verlag, z.Hd. Mathias Wais, Kirchgartenstr. 1, 60439 Frankfurt oder vertrieb@info3.de

Dadurch würdest du dazu beitragen, den Erfahrungsschatz der hochbegabten Kinder weiter zu vertiefen. Dazuhin ist es für dich selbst sicherlich sinnvoll, deine eigene Sicht der Dinge aufzuschreiben. Man bekommt dadurch einen ziemlich klaren Kopf. Das sagen wir dir aus eigener Erfahrung.

Wir könnten das, was du uns schreibst, – natürlich ohne deinen Namen zu nennen – demnächst in dieses Buch aufnehmen, damit auch andere Kinder von dem profitieren, was du aufgeschrieben hast. Wir schwören dir, dass wir deine Beiträge »anonym« aufnehmen, das heißt, dass wir also *nicht* schreiben: »Paulchen Kornfeld aus Münster in Westfalen, Kirchgasse 17b, 3. Stock links wohnhaft, schreibt uns, dass er manchmal extra Fehler in seine Mathe-Arbeit einbaut, damit seine Lehrerin etwas zu tun hat.« – also so nicht. Sondern so: »Eine Junge aus X. schreibt uns ...«, und dann das mit den Extra-Fehlern.

Also, und darauf kommt es an, schlaue Füchse sind nicht allein, auch wenn sie sich manchmal so fühlen. Sie können sich gegenseitig verstehen und unterstützen. Sie haben die gleichen Bedürfnisse wie alle anderen Menschen auf der Welt: dazu zu gehören, verstanden zu werden, normal zu sein und so leben zu dürfen, wie man sich das für sich selbst vorstellt. Es ist ein Supergeschenk, wenn Menschen füreinander Verständnis haben – wenn der Autofahrer den Radfahrer versteht, der Chinese den Indianer, der Dünne den Dicken, der mit der langen Nase den mit der kurzen Nase.

Am meisten Verständnis bekommt man in der Regel aber unter Seinesgleichen: Also, der mit der langen Nase fühlt sich am besten verstanden von dem, der auch eine lange Nase hat. Der Radfahrer versteht sich am besten mit dem Radfahrer, der Indianer mit dem Indianer; ja, und der schlaue Fuchs eben mit dem schlauen Fuchs. Und deshalb haben wir dieses Buch gemacht.

So, und jetzt wollen wir erst mal ein paar Fragen besprechen und ein paar Geschichten erzählen.

Frau Spielberg hat eine supergute Idee

Als wir Lehrerinnen und Lehrer von schlauen Füchsen interviewt haben zu der Frage, ob sie von diesen erwarten, immer den normalen Übungsstoff mitzumachen oder ob sie bereit sind, ihnen auch mal Extraaufgaben zu geben, haben sich zwar alle bereit gezeigt, die schlauen Füchse mit extra schweren Aufgaben zu füttern. Aber alle haben auch klar gesagt, auch schlaue Füchse müssten »erst mal« die normalen Hausaufgaben und die normalen Übungen mitmachen. Puh!

Werte Lehrerinnen und Lehrer, das ist schön, dass Sie bereit sind, Zusatzaufgaben zu geben. Aber das mit den »normalen Hausaufgaben« sehen wir leider etwas anders. Was heißt denn »erst mal«? Und vor allem: Wie lange ist »erst mal«? Eine Woche? Zwei Wochen? Hat das denn, was individuell angemessene Förderung von Schülern betrifft, wirklich Sinn, jemanden hundert Mal etwas »üben« zu lassen, was er längst kann? Wenn Sie, liebe Frau Lehrerin Meier, in ihrer Freizeit gerne in den Bergen wandern, macht es da Sinn, wenn sie »erst mal« immer den gleichen Weg gehen, bevor Sie einen neuen, eventuell schwierigeren, ausprobieren? Sobald Sie einen Schwierigkeitsgrad gemeistert haben, wollen Sie doch zum nächsten übergehen, oder nicht?

Und Sie, Herr Lehrer Ströbele, würden Sie denn »erst mal« ihren Skat-Brüdern zehn mal den gleichen Witz erzählen, bis Sie sicher sind, dass alle ihn verstanden und auswendig hersagen können, bevor Sie mit einem neuen rüberkommen?

Natürlich muss die Lehrerin sicher sein können, dass du im Tausenderraum malnehmen und teilen kannst, bevor sie dir vorschlägt, mal nachzuprüfen, wie die alten Ägypter ausgerechnet haben, wie viel Steinblöcke sie für eine Pyramide brauchen. Aber der größte Teil des Unterrichts besteht darin, zu üben. Schlaue Füchse brauchen in der Regel nicht so viel Übung, bis sie mit dem Stoff klarkommen.

Außerdem macht es sie unruhig, »unkonzentriert«, wie Lehrer gerne sagen, wenn sie immer das Gleiche tun sollen.
Sie haben dann das Gefühl, sie versäumten etwas. Schließlich gibt es zehntausend spannende Fragen auf der Welt. Wieso sich aufhalten mit einer Frage, die längst beantwortet ist?

Furkan wurde einem Psychologen vorgestellt, weil er (nicht der Psychologe, sondern Furkan) so »unkonzentriert« sei. Neuerdings störte er andere Kinder, wenn die über ihren Übungsbögen saßen. Furkan schoss mit einem Gummi Papierkrampen durch die Klasse und die Lehrerin provozierte er mit frechen Bemerkungen, wenn sie Übungsblätter austeilte. »Welche Sensation«, rief er in die Klasse, »wir dürfen heute die Hundert in verschiedene Fünfer-Gruppen zerlegen. Wie gestern. Und wie vorgestern. Und wie letzte Woche.« Seine Hausaufgaben machte er gar nicht mehr.

Komisch: Als der Psychologe Furkan in einem Wissens- und Fähigkeitentest mit immer schwierigeren Aufgaben konfrontierte, wurde der Junge immer konzentrierter. Bald rauchte ihm der Kopf, wenn er schwierige Muster mit Würfeln nachbauen sollte oder sich eine Lösung zu der Frage einfallen lassen sollte, warum Wahlen geheim abgehalten werden. Furkan wusste nicht immer alles, aber er wollte nicht aufgeben und verlangte nach immer neuen, immer schwierigeren Aufgaben. Zwei Stunden lang. Es war der Psychologe, bei dem allmählich die Konzentration nachließ, nicht Furkan.

Hätte es Sinn gemacht, Furkan »erst mal« sämtliche leichte Aufgaben ausführen zu lassen, um ihm dann netterweise die eine oder andere schwierigere Aufgabe vorzulegen? Abgesehen davon, dass die ganze Prozedur auf diese Weise mindestens fünf Stunden gedauert hätte.

Schlaue Füchse interessieren sich nicht so sehr für das, was sie schon kennen und wissen, sondern für das, was sie noch nicht kennen und wissen. Wir haben kein einziges schlaues Kind kennengelernt, das damit angegeben hätte, dass es dieses oder jenes weiß oder kann. Schlaue Füchse reden eher von dem, was sie noch nicht können, was sie noch klären, verstehen und ergründen wollen. Also warum sollen sie »erst mal« sich mit dem aufhalten, was sie schon kennen? Schlaue Füchse wollen weiterkommen. Sie werden unruhig und »unkonzentriert«, wenn sie festgehalten werden in dem, was sie schon längst verstanden haben.

Ein typisches Beispiel ist die Handschrift. Viele schlaue Füchse zeigen ein abenteuerliches Schriftbild, wenn sie etwas abschreiben oder eigene Gedanken aufschreiben sollen. Es hat schon Lehrerinnen gegeben, die einem solchen Schüler seinen Aufsatz unzensiert zurückgegeben haben mit der Bemerkung: »Das kann ich nicht lesen.« Etwas, das man in Gedanken klar hat, noch aufschreiben zu müssen, ist für viele schlaue Füchse lästig. Wir haben von einer besonderen Schule für Hochbegabte gehört, in der auf schriftliches Arbeiten fast ganz verzichtet wird.

Wenn in einer normalen Schule die Lehrerin sagt: »Lerne erst mal leserlich zu schreiben, bevor ich dir Zusatzaufgaben geben soll«, dann ist sie auf dem falschen Dampfer. Würde sie diesem Kind wirklich interessante Aufgaben geben, würde es sich von alleine um eine leserliche Schrift bemühen. Und zwar deshalb, weil ihm daran gelegen wäre, dass die Lehrerin es auch liest und kommentiert.

Eine Spitzenidee hatte Frau Spielberg. Frau Spielberg sah sich Jonathans schauerliches Schriftbild die ganze erste Klasse und auch noch in der zweiten Klasse kommentarlos an. Sie konnte beim besten Willen nicht entziffern, was Jonathan schrieb. (Er übrigens auch nicht, aber das machte nichts, denn er hatte es ja im Kopf.) Aus seiner mündlichen Mitarbeit wusste Frau Spielberg aber, dass Jonathan ein schlauer Fuchs ist. Am Ende der zweiten Klasse nahm sie ihn eines Tages beiseite und eröffnete ihm verschwörerisch: »Jonathan, könntest du mir wohl bei der Unterrichtsvorbereitung mal helfen? Und zwar möchte ich in ein paar Wochen mit der Klasse über die verschiedenen Möglichkeiten sprechen, wie man die Buchstaben gestalten kann. Ich hab hier ein paar Bücher zu diesem Thema. Auch mit Beispielen, wie man mit Buchstaben sogar malen kann. Früher haben die Mönche, bevor der Buchdruck erfunden wurde, die Heilige Schrift selber abgeschrieben. Bei jedem neuen Abschnitt haben sie den Anfangsbuchstaben so fein und reichhaltig gestaltet, dass der Buchstabe etwas aussagte über den Inhalt des Abschnitts. Du könntest ein paar Beispiele für mich heraussuchen …«

Jonathan machte sich, kaum dass er zu Hause war, über die Bücher her. »Kalligraphie« stand darauf. Nach wenigen Tagen machte Jonathan Frau Spielberg Vorschläge, wie sie den Anfangsbuchstaben gestalten konnte, wenn sie eine neue Aufgabe an die Tafel schrieb. Frau Spielberg griff das auf. Und, siehe da, nach zwei Wochen hatte sich Jonathans Schriftbild vollständig verändert: Er schrieb gestochen scharf. Außerdem setzte er seinen Ehrgeiz darein, jede Hausaufgabe in einer anderen Schrift auszuführen, wie er sie in den Büchern über Kalligraphie kennengelernt hatte. Mit der Zeit fing Jonathan an, selbst Schriften zu erfinden. Naja, irgendwann war seine Schrift dann doch wieder ein Rätsel. Denn er erfand jetzt auch Geheimzeichen als Buchstaben. Arme Frau Spielberg! Jetzt konnte sie wieder nicht lesen, was er geschrieben hatte (wenn er nicht gnädigerweise den Übersetzungsschlüssel hinten in sein Heft legte). Aber das steht auf einem anderen Blatt. Ihre Idee war jedenfalls Spitze, Frau Spielberg. Und wenn Sie mal bei uns vorbeikommen, überreichen wir Ihnen zwei Tafeln Schokolade und einen Blumenstrauß.

→ Wenn du selbst eine Frau Spielberg wärest, welche Vorschläge würdest du deinen schlauen Schülern machen, damit sie nicht immer »erst mal« lange üben müssen?

Ja, ja, die stolzen Eltern

Seit Dorians Mutter von seiner Lehrerin erfahren hatte, dass er wohl »hochbegabt« sei, redete sie von nichts Anderem mehr. Ehrlich. »Ja, gibt es denn jetzt kein anderes Thema mehr auf der Welt?«, fragte sich Dorian. Es war ihm einfach nur peinlich. Onkel Heinz, Großtante Mathilde, Opa Adi und Opa Jörg, sie wurden alle sofort angerufen. Dorian wollte eigentlich in Ruhe seine Hausaufgaben machen. Aber notgedrungen musste er mithören, wie die Mutter erst ins Telefon säuselte: »Wollte mal hören, wie es euch so geht«, um dann schon nach wenigen Sätzen die Neuigkeit aufzutischen: »War heute beim Elternsprechtag. Und weißt du, was die Lehrerin sagte? ...« Nur bei Opa Adi konnte sie offenbar nicht landen, weil der auf die Frage, wie es ihm gehe, immer weit ausholt und einen sorgfältigen Überblick gibt über seinen derzeitigen Gesundheitszustand. Der vergisst dann unhöflicherweise die Gegenfrage: »Und was gibt es bei euch Neues?« Die Mutter wurde immer einsilbiger und auch ein bisschen sauer: »Wann wir mal wieder kommen? Also, öh, weiß ich jetzt auch nicht. Es ist nämlich ziemlich viel los hier.« Als auch dieser Hinweis bei Opa Adi keine weitere Frage hervorzurufen schien, beendete sie kühl das Gespräch.

Auch die Nachbarn wurden nicht verschont. Alle mussten es erfahren. Die Mutter wäre bald geplatzt vor Stolz. Dorians Vater nahm es etwas gelassener. »Na, dann zeig mal, was du kannst«, war das einzige, was er dazu sagte.

Für Dorian hieß das: Vorsicht! Die Eltern erwarten jetzt eine Menge von dir. Und da die Mutter es überall herum erzählte, erwarteten auch die anderen, die Nachbarn, Onkel Heinz, Tante Mathilde, alle eben irgendetwas Großartiges. »Die sollen mich alle doch in Ruhe lassen«, dachte Dorian bei sich. Seine Mutter aber ließ nicht locker. Als sie Dorian wegen einer Verstauchung in seinem linken Fuß zum Kinderarzt brachte, musste der es natürlich auch noch erfahren. Allerdings schien ihn das nicht zu interessieren, stellte Dorian erleichtert fest. Der Kinderarzt sagte nur: »Da kann er ja nichts dafür.«

Aber sonst: Alle, so kam es Dorian vor, sahen ihn nur noch durch die Brille: »Er ist hochbegabt.« Als ob er ein Außerirdischer wäre, der Apfelsaft in Coca Cola verwandeln kann oder so ähnlich. Beide Eltern erwarteten jetzt nur noch Einsen von Dorian. Ja, es war ihm, als meinten sie geradezu ein Recht darauf zu haben, dass ihr Sohn nun ein Superschüler sein müsste.

Das war er aber nicht. Dorian ging gerne zur Schule, hauptsächlich allerdings, um mit seinen Freunden zusammen zu sein. Wenn ihn etwas interessierte, lernte er auch dafür. Aber sonst nicht. Seit es in der dritten Klasse Noten gab, hatte Dorian meist eine Drei. In allen Fächern. Auch die Mathe-Arbeit zwei Wochen nach dem Elternsprechtag war eine Drei. Für Dorian war das in Ordnung. Aber seine Mutter war zutiefst empört. Ihr Ärger richtete sich glücklicherweise aber nicht auf Dorian, sondern auf den Mathe-Lehrer, Herrn Tomiszewski. »Ja, hat der denn nicht von der Klassenlehrerin gehört …?«

Als ob »hochbegabt« so ein Orden wäre, den man verliehen bekommt (und dessen Glanz auch ein bisschen auf die Eltern ausstrahlt) und der fortan automatisch zu Einsen berechtigte. Dorian fand es gut von Herrn Tomiszewski, dass er ihn nicht anders behandelte als vorher. Aber die Mutter wollte ihn sofort anrufen und ihn zur Rede stellen. Der Mann hatte Glück, denn er war nicht zu Hause. Also rief sie gleich den Schulleiter an. Dorian wäre am liebsten im Erdboden versunken. Die Mutter redete aufgebracht etwas von Unterforderung und dass ein hochbegabtes Kind doch Extraaufgaben brauche, weil es sich sonst langweile, und so etwas.

Als nächstes rief sie bei »so einem Elternverein« an, ein Verein, wo sie alle hochbegabte Kinder haben offenbar. Dort schimpfte sie über das Schulsystem. So weit sich Dorian erinnern konnte, hatte sich die Mutter nur einmal ähnlich aufgeregt, nämlich als Onkel Heinz ihre selbstgemachte Erdbeermarmelade zu sauer fand. »Der hat sich doch die Geschmacksnerven abgetötet mit seiner Raucherei«, hatte sie auf dem Heimweg geschimpft. Was sie sonst noch über Onkel Heinz sagte, wollen wir hier lieber gar nicht aufschreiben.

Dorian schämte sich also, dass die Mutter so eine Sensation daraus machte, dass er ein schlauer Fuchs war. Aber er beschloss auch, sich jetzt nicht anzupassen. »Ich bin doch nicht blöd und schreib Einsen, nur damit meine Eltern zufrieden sind«, sagte er sich. »Außerdem würden sie ja dann *noch* mehr von mir erwarten.« Ein guter Freund von Dorian, Ulli aus der vierten Klasse, sagte: »Ich find das gut, dass du nicht nachgibst.« Allerdings trug Dorians Haltung nicht gerade zur Beruhigung der Mutter bei. Im Gegenteil. Schon bald war sie auf der Suche nach einer Schule, wo man »mehr Verständnis für hochbegabte Kinder hat«, wie sie sich ausdrückte. Hilfe! Dorian wollte nicht auf eine andere Schule.

Die überdrehten Erwartungen an Dorians Zensuren – das war die eine Seite der Aufregung um ihn. Es gab aber noch eine andere Seite und die machte sich Dorian bald zunutze. Er merkte nämlich schnell, dass er sich neuerdings Freiheiten herausnehmen konnte, die ihm die Eltern früher nicht zugestanden hätten. Einmal wollte er noch spät abends einen Action-Film im Fernsehen sehen, der unter Arabern in Jordanien spielte. Normalerweise hätte die Mutter gesagt: »Kommt nicht in Frage. Du brauchst deinen Schlaf.« Oder: »Das ist nichts für dich.« Jetzt aber hörte er, wie sie zum Vater sagte: »Naja, vielleicht interessiert er sich für den palästinensisch-israelischen Konflikt.« Hä? Er wusste gar nicht, worum es da ging. Aber den Film durfte er sehen.

Dorian hatte es bald heraus, der Mutter etwas auf die Sprünge zu helfen: Einmal wollte er mitten in der Woche bei Ulli übernachten. Das durfte er sonst allenfalls am Wochenende.

»Wieso denn?«, fragte die Mutter.

»Ach«, sagte Dorian und guckte zum Fenster hinaus, »wir wollen uns im Internet über den Freiheitskampf der Tibeter informieren.« Er hatte in den Nachrichten etwas davon aufgeschnappt. Als der Mutter im Moment die Spucke wegblieb, weil sie wahrscheinlich baff war, schob er nach: »Wir Hochbegabten haben halt solche Interessen.«

Liebe Eltern! Die Geschichte von Dorians Mutter ist selbstverständlich eine Ausnahme. Das ist euch sicher gleich klar geworden. So übertrieben reagiert natürlich niemand von euch. Aber, jetzt mal ganz unter uns: So ein bisschen stolz seid ihr doch schon, seit ihr gehört habt, dass euer Kind hochbegabt ist. Das dürft ihr auch sein. Keine Frage. Aber seid so nett und betrachtet nicht alles, was euer Kind tut oder nicht tut, durch die Brille: »Oh, mein Kind ist hochbegabt!« Und überhäuft es bitte nicht mit Erwartungen. Euer Kind muss nicht das Auto erfinden, das mit Wasser fährt, und es muss auch nicht jeden Tag zehn kluge Sätze sagen, und es muss auch nicht Präsident von Deutschland werden. Euer Kind hat zunächst einmal ganz normale Interessen. Es will ein ganz normaler Schüler sein. Es will vielleicht Harry Potter lesen wie andere auch. Es will Fußball spielen und Milchreis mit Schokoladensoße essen wie andere auch.

Natürlich freut man sich als Eltern, wenn das Kind eine Eins nach Hause bringt. Das darf man auch. Aber gerade hier, was Schule und Lernen betrifft, müsst ihr euch bitte daran gewöhnen, dass eurem Kind der Inhalt des Lernstoffes wahrscheinlich wichtiger ist als die Note. Und wenn es sich für den Inhalt nicht interessiert, dann könnt ihr schon mal keine Eins erwarten.

Gebt eurem Kind nicht das Gefühl, so etwas wie ein Star zu sein. Euer Kind will einfach nur es selbst sein. Könnt ihr euch vielleicht vorstellen, dass ihr es eurem Kind überlasst und es in Ruhe abwartet, was es aus seiner Hochbegabung macht? Vielleicht macht es ja gar nichts Sensationelles daraus. Es muss nicht Erfinder, Künstler oder Raumfahrer werden. Möglicherweise will es einfach das, was es einmal macht, gut machen. Ob als Kraftfahrzeug-Elektroniker, als Krankenschwester, als Kaufmann, als Uhrmacher oder als Feuerwehrmann.

Nur über eines müsst ihr euch im Klaren sein: Euer Kind wird euch durchschauen. Es spürt, wenn ihr mehr aus Stolz als

aus Interesse am Kind es in den Schachclub schiebt. Vielleicht will so einer wie Dorian einfach nur mit seinem Freund Ulli ab und zu ein bisschen Schach spielen. Mehr nicht. Und nicht gleich beim Turnier der Jugendmannschaft mitmachen müssen. Euer Kind ist hochbegabt für sich selbst, nicht für euch. Das Kind in Ruhe lassen zu können, ist eine wunderbare Eigenschaft einiger Eltern. Wenn ihr das hinkriegt, trotz eures Stolzes, ist das schon die halbe Miete.
So. Das musste jetzt mal gesagt werden.

Freundliche Grüße von 97% der hochbegabten Kinder

Wie ging Dorians Geschichte weiter? Also seine Mutter ging zwar, wie wir gehört haben, ziemlich übertrieben mit seiner Hochbegabung um. Aber dumm war sie auch nicht. Als er zu ihr sagte: »Wir Hochbegabten haben halt solche Interessen«, da klickte es bei ihr.

»Du kannst dir gerne so ein Buch über die Tibeter zum Geburtstag wünschen«, sagte sie, auf einmal ziemlich kühl. Da war Dorian klar, dass er zu weit gegangen war.

Wir wissen nicht, was in den nächsten Tagen in seiner Mutter vorging. Aber als Dorian wenig später eine Drei Minus in der Deutscharbeit bekam, grinste sie nur und sagte: »Wenn dir das reicht …«

Nur Onkel Heinz ließ nicht mehr ab. Jedes Mal, wenn die Familie bei ihm zu Besuch war, hörte Dorian als erstes: »Na, was macht unser hochbegabtes Kind?« Und auch Opa Adi, bei dem die Sensation doch noch angekommen war, konnte es sich nicht verkneifen, jedes Mal zu mahnen: »Du musst Arzt werden, Junge. Solche wie dich braucht man in der Medizin.«

So beschloss Dorian, auf keinen Fall Arzt zu werden. Vielleicht Kapitän auf einem großen Schiff, aber nicht Arzt.

→ **Und wie ist es bei dir zu Hause, liebe Leserin, lieber Leser?**

»Streber!«

Klar. Friedmann hatte mal wieder eine Eins. Herr Bergmann teilte die korrigierten Aufsätze aus. Die Kinder hatten in Sachkunde zum Thema »Spielplätze in unserer Stadt« gestern einen Aufsatz zu schreiben, nachdem die Klasse letzte Woche einen Ausflug zu einigen Spielplätzen gemacht hatte. Während alle anderen aufgeschrieben hatten, was sie noch wussten von den einzelnen Spielplätzen, mit welchen Geräten diese bestückt waren und so weiter, war es für Friedmann selbstverständlich, zu jedem Spielplatz auch Verbesserungsvorschläge zu machen. Der an der Lindstraße lag sehr nahe an einer Kreuzung. Deshalb war es dort sehr laut. Friedmann schlug vor, zur Straße hin einen Erdwall aufzuschütten und noch eine Hecke darauf zu pflanzen. Der Spielplatz neben dem Markt war voll von benutzten Spritzen von Drogensüchtigen. Hier sollte die Polizei stündlich Streife gehen. Und das Klettergerüst auf dem Spielplatz hinter dem Supermarkt war schon sehr verrostet. Kinder könnten sich da verletzen. Friedmann schlug ein Klettergerüst aus Plastikrohren vor. Also, eine saubere Eins, weil er sich so viel eigene Gedanken gemacht hatte.

»Streber!«, tönte es von mehreren Seiten. Die anderen hatten Dreier oder Vieren geschrieben, einige eine Fünf, wenn sie die Spielplätze auch noch verwechselt hatten.

So ging das immer. Friedmann hoffte jedes Mal, Herr Bergmann würde die Noten nicht ansagen. Aber geradezu mit Stolz, als wäre es seine eigene Eins, musste er jedes Mal Friedmanns Eins verkünden.

Es war sehr ungerecht von den anderen Kindern, Friedmann als Streber zu bezeichnen. »Streber« bedeutet ja, dass da einer sich beim Lehrer beliebt machen möchte oder bei seinen Eltern. Aber Friedmann war das ganz egal, was die dachten. Er wollte die Sache selbst, die Aufgabe *für sich* richtig und umfassend behandeln. Er hätte es bei dem gestrigen Aufsatz zum Beispiel gar nicht ausgehalten, einfach nur aufzuzählen, welche Spielmöglichkeiten jeder Spielplatz bot.

Das wäre ihm langweilig, oberflächlich und überflüssig vorgekommen.

Vor einigen Monaten war ein Junge neu in die Klasse gekommen. Der wurde schnell Friedmanns Freund. Vielleicht weil er auch ein Außenseiter war. Er war körperbehindert und hinkte etwas. Dieser Junge, Lucan hieß er übrigens, nannte Friedmann auch nie einen Streber. In der Pause merkte Lucan, wie bedrückt Friedmann war. Und er konnte sich auch denken, warum.

»Die sind einfach neidisch«, sagte er. »Die denken, du sitzt zu Hause stundenlang und büffelst, um einen guten Eindruck bei Herrn Bergmann machen zu können.«

»Wenn die wüssten«, sagte Friedmann traurig. »Hausaufgaben mach ich fast nie, jedenfalls nicht in Sachkunde. Ich lese halt darüber nach, was mich interessiert.«

»Versuch, die anderen an deinem Wissen teilhaben zu lassen«, schlug Lucan vor.

»Wie denn? Die interessieren sich doch nicht für die Sachen, mit denen ich mich beschäftige.«

»Das mein ich nicht. Aber du könntest ihnen zum Beispiel bei den Hausaufgaben öfter mal einen Tip geben. Die Hälfte der Klasse macht sie sowieso erst morgens, kurz bevor Herr Bergmann herein kommt. Komm einfach etwas früher und helfe ihnen.«

Friedmanns Mutter wunderte sich, dass er neuerdings eine Viertelstunde früher aus dem Haus ging. Es war ein guter Rat, den Lucan ihm gegeben hatte. Die ersten Tage fragten einige, eigentlich eher zum Scherz: »Oh, der Professor ist schon da. Kannst du mir nicht meine Hausaufgaben machen?«

»Zeig mal her«, sagte Friedmann, als wäre es das Selbstverständlichste von der Welt. So wurde es bald zur Gewohnheit. Friedmann war sogar dazu übergegangen, in Mathe regelmäßig die Hausaufgaben zu machen, auch wenn es ihn tödlich langweilte. Morgens rissen sie ihm dann das Arbeitsblatt aus den Händen und schrieben es ab. So war

Friedmann bald viel besser akzeptiert in der Klasse. So weit, so gut, könnte man meinen.

Aber eines nachmittags sprach ihn seine Mutter an: »Herr Bergmann hat angerufen. Was eigentlich mit dir los sei. Ob du dich in der Klasse beliebt machen willst, fragt er. Plötzlich würde die Hälfte der Klasse genauso rechnen wie du bei den Hausaufgaben und in Deutsch würden jetzt auch alle so lange Sätze machen wie du. Kann es sein, mein Sohn …?«

»Ja. Ich hab ja nur die Wahl, mich entweder bei Herrn Bergmann beliebt zu machen oder bei den anderen. Aber beides interessiert mich eigentlich gar nicht. Die sollen mich alle in Ruhe lassen.« Friedmann war den Tränen nahe. Und dann erzählte er der Mutter von den täglichen Hänseleien, von denen »Streber« ja noch die geringste war. Sehr gemein waren die anderen, wenn Friedmann auch einmal eine falsche Antwort gab oder nicht aufgepasst hatte. Da feixten fast alle. »Oh, unser Professor ist heute aber wieder mal sehr zerstreut.«

Am schlimmsten war es in Sport. Friedmann war ziemlich ungeschickt beim Sport und nicht nur das, Handball zum Beispiel, was der Lieblingssport fast der ganzen Klasse war, interessierte ihn auch gar nicht. Also stand er da nur sehr unbeholfen herum und hoffte inständig, dass die Stunde bald vorbei sein würde.

»Wenn der Ball kommt, Friedmännchen, brauchst du nur halb so schnell zu reagieren wie bei den Grammatik-Übungen.« Friedmann schämte sich in Grund und Boden. Und gleichzeitig war es ihm ganz egal, was mit dem Ball war.

Am Abend rief die Mutter bei Herrn Bergmann an. Friedmann wusste nicht, was sie besprachen. Am nächsten Morgen war ihm ziemlich mulmig. Geistesabwesend gab er den anderen seine Hausaufgabenblätter. Als Herr Bergmann hereinkam, hielt Friedmann den Atem an. Aber Herr Bergmann schien bester Laune. Sehr freundlich wandte er sich an die Klasse und sagte, er habe Verständnis dafür, dass viele bei Friedmann abschrieben. Er selbst habe als Schüler auch öfter von besseren Schülern abgeschrieben. Deshalb dürfe das jetzt jeder ganz offiziell tun. – Wie bitte? Friedmann dachte, er habe nicht richtig gehört. Und die anderen Kinder dachten wohl auch, sie hätten sich verhört. Friedmann wusste nicht, wo er hingucken sollte. Würden in der Pause gleich alle über ihn herfallen? Würden sie denken, er hätte gepetzt?

»Ihr müsst nicht denken, Friedmann hätte gepetzt«, fuhr Herr Bergmann fort. Er habe es schon lange gemerkt, dass sie abschrieben. Also, jeder könne das jetzt tun. Allerdings unter einer Bedingung: Jeder, der bei Friedmann abschreibt, muss es auf seinem Arbeitsblatt vermerken.

Nun war es so still wie nie in der Klasse. »Und übrigens«, Herr Bergmann wandte sich nun an Lutger und Kevin, die beide Asse in Handball waren, »wer in Handball besser ist als Friedmann, hilft ihm künftig genauso, wie Friedmann euch in Mathe und Deutsch hilft.« Falls es so etwas gibt wie stiller als still, dann waren jetzt alle stiller als still.

Auf einmal rief Carlo: »Und ich zeig Friedmann, wie er das beim Bockspringen machen muss.« Und Lenchen rief: »Und ich kann Friedmann an der Kletterwand helfen.«

Friedmann wusste nicht, wie ihm geschah. Der Unterricht ging wie ein Nebelschleier an ihm vorbei. In der Pause gingen viele auf Friedmann zu. »Du kannst bei mir im Fußballclub mitmachen. Ich zeig dir, wie es geht.« »Kommst du heute Nachmittag zu meiner Fahrradrally?« Friedmann bekam feuerrote Backen in diesem Ansturm.

Übrigens wollte morgens keiner mehr von Friedmann abschreiben. Nur ganz manchmal fragte ihn einer, anerkennend und ernsthaft, ob er ihm das mit den Würfel-Zeichnungen noch mal erklären könnte. Oder ob er den Text des englischen Lieds mit ihm üben würde.

→ Sag mal, was kann man solchen Kindern wie Friedmann noch raten? Wenn du Ideen oder Erfahrungen dazu hast, schreib es auf. Und super wäre es, du würdest uns deine Ideen dazu auch mitteilen.

Eine Klasse überspringen? Oder besser Extraaufgaben bekommen?

Fiona gehörte zu den schlauen Kindern, die sich oft langweilen im Unterricht. Sie besuchte die dritte Klasse. Schon fünf Wochen nach dem Schuljahresbeginn hatte sie, ganz alleine für sich, das Mathe-Buch der dritten Klasse durchgearbeitet. Sie schrieb Gedichte und kleine Geschichten, während die Lehrerin noch die Zeitformen der Tätigkeitswörter mit der Klasse übte. Schon am Ende der zweiten Klasse ist Fiona dazu übergegangen, ein spannendes Buch mit in die Schule zu nehmen. Besonders oft las sie, das Buch heimlich unter der Bank auf ihrem Schoß haltend, über Pferde. Denn sie interessierte sich sehr für Pferde und wie man mit ihnen umgehen muss.

Ihre Lehrerin hat es übrigens gemerkt. Sie hat aber nichts gesagt. Fionas Eltern hat sie aber vorgeschlagen, dass das Mädchen doch am besten eine Klasse überspringen sollte. Fiona sei deutlich unterfordert in der dritten Klasse. Extra Knobelaufgaben, die sie ihr gab, hat Fiona immer im Handumdrehen gemeistert. Auf die Dauer sei das also keine Lösung.

Fiona war gar nicht begeistert über diesen Vorschlag. Erstens erschien ihr die Lehrerin der vierten Klasse, in die sie gekommen wäre, ziemlich streng. Aber vor allem wollte Fiona sich nicht von ihren Freundinnen trennen, die in der gleichen Reihe saßen wie sie und die auch den gleichen Schulweg hatten. Ihre Freundinnen waren der Grund, weshalb Fiona trotz ihrer Unterforderung immer gerne zur Schule ging. Auch hatte sie Sorge, dass sie in der nächsten Klasse keine Freundinnen finden würde. In ihrer jetzigen Klasse hatte es immerhin fast ein Jahr gedauert, bis sie von Sarina, Claudia und Antonia aufgefordert wurde, in der großen Pause mitzuspielen. Bis dahin stand sie oft abseits, knibbelte an ihren Fingern und beobachtete nur, wie die anderen spielten.

Dazuhin war Fiona von kleiner und zarter Statur und unter den Viertklässlern, die ja noch größer als ihre jetzigen

Klassenkameraden waren, wäre sie das »Baby«, so fürchtete sie. Kurzum, Fiona wollte nicht.

Ihre Lehrerin schlug nun vor, dass sie wenigstens probeweise, für vier Wochen, die vierte Klasse besuchen sollte. Danach dürfte sie selbst entscheiden, ob sie wieder zurück in die dritte Klasse wolle. Das war nett gemeint. Aber Fiona überlegte sich, wie das wohl auf ihre Mitschüler in der dritten Klasse wirken würde, wenn sie nach einem solchen Versuch zurückkehren würde. »Öh. Bist wohl doch nicht so hochbegabt.« Und solche Sprüche.

Da hatte die Lehrerin noch eine andere Idee: Fiona könnte, wenigstens für den Mathe-Unterricht, die vierte Klasse besuchen, als Dauergast sozusagen, ansonsten aber den Unterricht in der dritten Klasse mitmachen, gerne auch mit Zusatzaufgaben.

Damit war Fiona einverstanden. Und es klappte auch gut. Die Schülerinnen und Schüler der vierten Klasse nahmen sie als Gast prima an, staunten oft, wie gut sie auch dort mit dem Mathe-Stoff zurechtkam, und mit zwei Mädchen freundete sie sich sogar an.

Zu diesem Thema – in die nächste Klasse springen – haben wir auch einige Lehrerinnen befragt. Alle waren dafür, gaben aber zu Bedenken, ähnlich wie Fiona, dass es unter Umständen schwer werden könnte, in der nächsten Klasse Fuß zu fassen. Schließlich gibt es auch mal Streit und da sollte das zwar hochbegabte, aber eben jüngere, unerfahrenere Kind nicht den kürzeren ziehen müssen. Außerdem, so die Lehrerinnen, brauchten oft gerade die hochbegabten Kinder die Sicherheit der vertrauten Lehrerin, der vertrauten Klasse. Sie meinen, es würde ein solches Kind eventuell verunsichern oder sogar ängstigen, plötzlich in eine neue Klassenumgebung zu kommen.

Aus den Gesprächen mit hochbegabten Kindern wissen wir, dass es viele geglückte Beispiele des Überspringens gibt. Hin und wieder entstehen aber offenbar neue Probleme dadurch.

Sophie jedenfalls erzählte, dass sie nach einigen Bedenken mit dem Vorschlag zu springen doch einverstanden gewesen war. Sie sei zwar am ersten Tag mit mächtigem Herzklopfen in die neue Klasse gegangen. Aber alle Kinder der neuen Klasse hätten sie gleich sehr freundlich aufgenommen und schon am zweiten Tag gehörte Sophie wie selbstverständlich dazu.

Für Björn wiederum entstanden Probleme dadurch, dass er Zusatzaufgaben bekam. Seine Lehrerin hatte seine besondere Begabung früh erkannt und ihm gerne interessante Knobelaufgaben gegeben. Für Björn selbst war das in Ordnung. Aber für einige seiner Mitschüler nicht. Beziehungsweise, es waren zuerst eher die Eltern der Mitschüler, die dagegen protestierten, dass da ein einzelnes Kind eine »Sonderbehandlung« bekam, wie sie sagten. Auf den Elternabenden stritten sie sich richtig darüber mit der Lehrerin. Obwohl diese in aller Ruhe den Eltern zu erklären versuchte, dass Björn eben anders lernte als die Gleichaltrigen und er deshalb andere Arten von Hausaufgaben brauchte. Sie sagte, das sei ähnlich wie bei einem Kind mit einer anderen Besonderheit.

Jakobus zum Beispiel war aus der Ukraine gekommen. Er konnte noch nicht so richtig Deutsch. Deshalb bekam er die »Sonderbehandlung«, dass er die Regeln der deutschen Sprache mit einer CD intensiv üben musste. Dafür verzichtete die Lehrerin bei Jakobus auf einen Teil der Mathe-Hausaufgaben, weil er da ganz gut war. So hatte es die Lehrerin auch den Kindern von Björns Klasse erklärt. Die hatten das erst mal gut akzeptiert, dass es eben solche verschiedenen Lernerfordernisse gab. Erst als sie ihren Eltern davon erzählten, ging das Theater los und einige Kinder haben jetzt die ablehnende, vorwurfsvolle Haltung ihrer Eltern übernommen.

Mit der Zeit wurde es richtig übel für Björn. Einige Kinder fingen an, ihn zu ärgern und zu provozieren. Sie waren eifersüchtig über seine Sonderrolle, und manchmal bereute es die Lehrerin, dass sie überhaupt den Eltern von Björns Sonderförderung erzählt hatte. Er war inzwischen in eine richtige Außenseiterrolle geraten. Bald wollte keiner mehr neben ihm sitzen. Björn fing nun selbst an, das zurückzugeben: Er störte die anderen Kinder. Auf dem Schulweg kam es sogar zu Schlägereien. Das Übelste war aber, dass einige Eltern ihren Kindern verboten, mit Björn zu spielen. Weil der ja offenbar etwas Besseres sein wolle. Hat man so einen Quatsch schon mal gehört?

Im Gegenteil war es doch so, dass Björn sich nichts sehnlicher wünschte, als einfach ein ganz normaler, von allen akzeptierter Junge zu sein. Und dass er die Nase voll hatte von dem Thema »Hochbegabung«. Zu allem Unglück kam noch dazu, dass einige Kinder, die erst noch zu ihm gehalten hatten, nicht mehr mit ihm spielen wollten, weil deren Eltern von ihnen nun auch verlangten, solche Extraaufgaben zu machen wie Björn. Die bekamen das aber nicht hin. Nun machten sie Björn dafür verantwortlich, dass sie deswegen Stress mit ihren Eltern hatten. Eine ziemlich üble Geschichte, in der gerade die Erwachsenen sich nicht gerade verständnisvoll verhalten haben.

Falls dir so etwas Ähnliches passieren sollte, mach dir als erstes klar, dass auch dies ein Problem ist, das du nicht alleine lösen musst (und vermutlich auch nicht kannst). Wende dich an deine Eltern. Und wende dich zusammen mit deinen Eltern an die Lehrerin. Wenn Zusatzaufgaben dazu führen, dass Mitschüler – oder deren Eltern! – dich ausgrenzen oder mobben oder ärgern, ist es wahrscheinlich der bessere Weg, die Klasse zu überspringen. Aber auch das musst du nicht alleine entscheiden.

Björn hat diese üble Geschichte nur durchgestanden, weil seine Eltern und die Lehrerin zu ihm gehalten haben. Als er endlich aufs Gymnasium kam, war alles anders: Er war keineswegs der Außenseiter, sondern von Anfang an in einer Clique von fußballbegeisterten Jungen dabei. Niemand verlor ein Wort darüber, wenn ein Lehrer Björn Vorschläge machte, wie er sich vertiefend mit dem aktuellen Stoff beschäftigen könnte.

Das fiel schon deswegen nicht auf, weil mehrere Kinder auf dem Gymnasium solche Vorschläge bekommen, auch Vorschläge, etwas nachzuarbeiten, was sie vielleicht noch nicht ganz beherrschen. So hat sich Björn bald erholt von den stressigen Erlebnissen in der Grundschule.

→ Du könntest hierzu aufschreiben, welche Vor- und Nachteile du für dich im Überspringen einer Klasse siehst und ob du es für besser hältst, wenn du Zusatzaufgaben bekommst, statt die Klasse zu überspringen.

Ein Traum – Unterricht für schlaue Füchse

Der erste Teil

Eines Tages hat uns Anna eine Geschichte mitgebracht. Sie heißt »Der Traum«. Hier ist die Geschichte:

Es war mal wieder ein stinknormaler Tag für Sandra. Außer dass Sandra heute mal wieder sieben Stunden hatte. Sie war heute so müde, dass sie auf ihr Bett fiel und einschlief. Sie hatte einen Traum, in dem es auch um ihre Freundin Judith ging. Judith ist nämlich hochbegabt und deswegen langweilt sie sich manchmal sehr im Unterricht. Und Sandras Traum sieht so aus: Sie und ihre Freundin waren die Direktorinnen ihrer gemeinsamen Traumschule; sie hieß »Hochbegabtenschule der Träume«. Auf dieser Schule gab es nicht nur Hochbegabte, sondern auch Normalbegabte und jeder konnte zu ihnen gehen und sagen, was sie toll oder nicht so toll finden. Und man konnte dort wohnen, allein oder mit den Freundinnen – man konnte auch zu Hause bleiben oder auf der Schule mit all den anderen dort leben. Man konnte sich auch aussuchen, wie man lernt, zum Beispiel mit Freunden oder allein, auf dem Pausenhof oder im Zimmer, auf dem Kopf stehend oder in luftiger Höhe und und und. Es gab sogar ein Einkaufszentrum und einen Zoo und man konnte auch seine Haustiere mitbringen. Und wenn es mal Streit gab, redete man sehr, sehr lange, und schon war das Problem wie fortgeblasen.

Daher hatte diese Schule den Ruf eines Paradieses. Und es schien alles gut zu gehen, doch leider gab es die Behörden, die dieses Paradies zu zerstören drohten, weil sie meinten, es würde viel zu viel Geld kosten. Als Sandra und Judith einen Brief bekamen und lasen, bekamen sie einen gewaltigen Schock, denn dies war fast der einzige Ort, wo sich alle so richtig wohl fühlten, und nun wollten die das Werk zerstören. Aber Sandra hatte einen Plan und sehr viele Freunde, die ihr helfen können. Ihr Plan war, bei der Wahl der zukünftigen Bürgermeisterin zu gewinnen und auch noch zu versuchen, Judiths Tränen zu vertreiben. Dies – das war ihr auch klar – ist zwar ein schwieriger Plan, aber mit Freunden kann man fast alles erreichen. Und sie tat so viel dafür, Bürgermeisterin zu werden, als würde es um ihr Leben gehen, dass sie von allen bestaunt wurde. Und auch Judiths Tränen waren aus ihren Augen vertrieben. Und dann war der Tag gekommen, an dem gewählt wurde, und Sandra gewann tatsächlich und wurde Bürgermeisterin. Sie kam zur Schule zurück. Sie sagte vor allen Leuten, dass diese Schule für (fast) immer erhalten bleiben soll. Und von nun an hatte Sandra mehr Freunde an der Schule, als es Sterne am Himmel gibt. Doch da war plötzlich so etwas Lautes neben ihr …

Sandra wachte auf. Es war ihre Mutter. Sie stand neben ihr. Sandra begriff und raste zum Telefon und rief Judith an, ob sie ein neues Spiel bei ihr zu Hause spielen wolle …

Wir denken, das ist gut, dass Anna ihren Traum von der idealen Schule aufgeschrieben hat. Wir denken, man *muss* träumen. Beginnt nicht jeder Fortschritt auf der Welt mit einem Traum? Die Gleichberechtigung der Schwarzen in Amerika zum Beispiel – da haben vor langer Zeit ein paar Menschen davon geträumt. Sie galten als weltfremd. Und es waren viele Jahrzehnte Überzeugungsarbeit nötig, bis dieser Traum Wirklichkeit wurde. Schrittweise wurde er Wirklichkeit.

Oder nehmen wir das Fliegen: Heute ist es uns selbstverständlich, mit dem Flugzeug in den Urlaub zu fliegen. Aber erst musste einer davon träumen. Dem haben damals alle gesagt: »Du spinnst. Das kann nie klappen.« Einige Forscher und Erfinder haben sich aber nicht beirren lassen. Sie haben erste Flugversuche gemacht, am Anfang mit Fluggeräten aus Holz. Die sind meistens erst gar nicht vom Boden weggekommen oder sie sind gleich wieder runtergefallen. Dann haben andere studiert, wie Vögel fliegen und wie die das hinbekommen, dass die Luft sie trägt. Und haben die Luftströmungen, die die Vögel durch ihren Flügelschlag hervorbringen, mit Motoren erzeugt. Das ging schon besser. Und bald ist der erste Mensch gleich über das Meer bis nach England geflogen. Es war übrigens ein gewisser Herr Blériot. Klar, die Vögel dachten, als die Ungetüme an ihnen vorbeiratterten: »Was soll der Quatsch?« Aber die Menschen waren begeistert und feierten Herrn Blériot. Innerhalb weniger Jahre wurden die Flugmaschinen immer mehr verbessert, bis man eben bei diesen bequemen Fliegern angekommen war, die heute Länder und Kontinente auf schnellste Weise miteinander verbinden.

Also: Solche Träume sind etwas Wichtiges und Wertvolles. Man muss sie nur ernst nehmen und nicht sagen: »Träume sind Schäume.« Träume können Kraftpakete sein – man muss sie nur auch aufschnüren, diese Kraftpakete. Dann kann man Schritt für Schritt den Traum auf die Erde bringen. Nur Geduld braucht man. Und aufgeben darf man nicht. Auch wenn es nicht immer gleich funktioniert. Nur nicht aufgeben. Aufgeben gilt nicht.

Ein Traum – der zweite Teil

Wir haben uns zu dieser Frage einmal zusammengesetzt: »Wie stellen wir uns die ideale Schule für Hochbegabte vor?« Davon und von den Interviews mit anderen Hochbegabten zu diesem Thema möchten wir jetzt erzählen.

»Für jedes Fach sollte es ein spezielles Programm für Hochbegabte geben.«

»Ja, und das einzelne Kind, ob hochbegabt oder nicht, sollte den Schwierigkeitsgrad seiner Aufgaben selbst bestimmen können.«

»Ich würde den Leistungsschwächeren helfen. Wenn die Lehrerin zum Beispiel verlangt, dass wir etwas mit Aufgabenblättern üben, wie neulich, da sollten wir auf ellenlangen Blättern Tätigkeitswörter in die Vergangenheitsform bringen, und wenn ich das schon kann, dann könnte ich doch, statt es noch mal und noch mal zu üben, den Kindern helfen, die das noch nicht so gut können.«

»Puh, war das ein langer Satz. Wenn du Schwächeren helfen willst, musst du nicht so lange Sätze machen.«

»Oder wir könnten auch außerhalb der Schule Nachhilfe geben für die schwächeren Schüler. Statt Hausaufgaben machen zu müssen. *Das* wäre dann unsere Hausaufgabe, dass wir Nachhilfe geben.«

»Und die Lehrerin wäre auch entlastet.«

»Warum können wir nicht auch mal selbst unterrichten? Das würde die Lehrerin auch entlasten. Wir könnten Vorträge über unsere Interessengebiete halten …«

»Ja, wenn wir dafür Vorbereitungszeit zugestanden bekommen.«

»Genau. Frau Löske müsste sagen: ›Paul‹, weil das ist auch so ein Hochbegabter in unserer Klasse, ›du kannst morgen zu Hause bleiben, wenn du uns übermorgen etwas berichtest darüber, wie die Zahlen entstanden sind.‹ Und dann würde ich sie fragen, ob ich etwas darüber erzählen darf, wie man die Null erfunden hat. Das ist nämlich die schwierigste Zahl.«

»Ich finde, wir könnten aber auch von dem normalen Schulstoff der Lehrerin etwas abnehmen. Ich zum Beispiel bekomme in Mathe immer den Stoff aus der nächsten Klasse, also jetzt aus Klasse Vier. Da könnte ich doch meiner Klasse nächstes Jahr den Mathe-Stoff erklären.«

»Ach, immer nur Schulstoff. Wer bestimmt überhaupt, was wir in der Schule lernen müssen? Können wir in der Schule nicht auch unseren Interessen nachgehen? Würde das nicht die Kreativität fördern, wenn viele Kinder aus ihren Interessengebieten erzählen? Das wäre doch sehr anregend für alle.«

»Vielleicht sogar für die Lehrer.«

»Ja, ich würde von Meteoriten erzählen. Meine Schulfreundin könnte von ihren Papageien erzählen, weil die haben Papageien zu Hause, und Lena hat viel darüber gelesen und sich sogar mal mit einem Tierpfleger im Tierpark darüber unterhalten, wie sie richtig ernährt werden müssen.«

»Ich finde, wir sollten nicht nur selbst unterrichten dürfen. Wir sollten überhaupt unsere Ideen in den Unterricht einbringen können. Also, ich meine, dass man zum Beispiel auch mal im Wald unterrichtet.«

»Oder dass die Pausen länger sein sollten, damit wir uns mehr auf den Unterricht vorbereiten können.«

»Und wir sollten mehr selbst bestimmen dürfen, wie wir arbeiten. Max und Sandra und ich zum Beispiel sind ein gutes Team. Wir würden gerne die Deutsch-Aufgaben zusammen machen. Wir möchten alle drei Schriftsteller werden und könnten uns gegenseitig helfen dabei. Und andere Kinder, wie der Lorenz zum Beispiel, der auch hochbegabt ist, der möchte am liebsten nur am PC arbeiten und lernen und das am liebsten noch zu Hause. So müssten die Schüler mehr lernen dürfen, wie sie lernen wollen.«

»Überhaupt müsste es nicht Pflicht sein, dass man jeden Tag in die Schule geht. Pflicht müsste nur sein, dass man jeden Tag lernt …«

»Außer Sonntags!«

»… Also, dass man auch mal zu Hause bleiben kann und die Aufgaben als E-Mail bekommt, die heute dran sind, und das dann eben zu Hause bearbeitet. Oder mit einer Freundin lernt.«

»Wie in Annas Geschichte.«

»Wisst ihr, was? Mich nervt der ständige Wechsel: Jetzt eine Stunde Mathe. Danach eine Stunde Deutsch. Dann eine Stunde Werken. Dann eine Stunde Rechtschreibung. Wenn ich Schuldirektor wäre, würde ich sagen: ›Kinder, ihr macht jetzt mal vier Wochen lang nur Mathe.‹ Da würden wir uns nämlich viel besser konzentrieren..«

»Überhaupt sollte es nicht so viele Nebenfächer geben, damit man mehr Zeit für die Hauptfächer hat.«

»Wenn ich Schuldirektorin wäre, würde ich jedem Kind einen PC geben. Da kann man ungestörter arbeiten. Und man kann das speichern, was man schon gemacht hat oder gelernt hat und dann hat man den Kopf frei für neues Material.«

»Wir könnten den Lehrern zeigen, wie sie den Unterricht verbessern können.«

»Hast du Vorschläge?«

»Ja. Sie sollen dafür sorgen, dass die Kinder, die sich schlecht konzentrieren können und deshalb immer stören, eine Helferin oder einen Helfer bekommen: Vielleicht eine junge Lehrerin, die noch lernt. Die könnte sich neben den Kevin setzen, der zappelt und quasselt die ganze Zeit, und könnte ihn beruhigen.«

»Da würde euer Kevin wahrscheinlich auch mehr lernen.«

»Und die Lehrer sollen sich abwechseln.«

»Wieso?«

»Also erstens würden sie dann nicht immer das gleiche sagen, weil sie ja die einzelnen Kinder nicht so kennen. Unsere Lehrerin sagt jeden Tag fünf Mal zu Kevin: ›Kevin, sitz stille.‹ Ein neuer Lehrer würde den Kevin erst Mal kennenlernen und ihn fragen, wieso er so herumhampelt.
Kevin kann nämlich manchmal auch stille sitzen. Das habe ich herausgefunden. Wenn es nämlich leise ist in der Klasse.«

»Und zweitens?«

»Zweitens würden wir den Unterrichtsstoff verschieden gezeigt bekommen. Wir hatten mal eine Vertretung in Deutsch, als Frau Kolberg krank war. Da kam eine Lehrerin, die war eigentlich schon in Rente. Die hat uns das mit den Regeln für Groß- und Kleinschreiben ganz anders erklärt als Frau Kolberg, und als Frau Kolberg wieder gesund war und zurückkam, hat sie gestaunt, dass wir das jetzt alle konnten.«

»Leute, mal was anderes. Was haltet ihr davon, wenn es einen Musikraum gäbe, in dem Kinder Musik hören und Instrumente ausprobieren könnten?«

»Ja, und da könnte der Kevin zum Beispiel, wenn er zu aufgeregt ist, ein bisschen Entspannungsmusik hören. Danach würde es ihm vielleicht wieder besser gehen.«

»Aber noch mal zu den Lehrern. Ich finde, wir Hochbegabten sollten Lehrer unterrichten können. Darüber, was Hochbegabte brauchen. Und dass sie keine Hausaufgaben brauchen.

Die Lehrer zu unterrichten in unseren Interessengebieten, das wäre toll. Unser Herr Decker, also, der ist schon ganz okay, aber der hat keine Ahnung von Reptilien. Ich hab ihm das neulich erklärt, wie die verwandt sind untereinander und wie man mit denen umgehen muss. Und da hat er gesagt: ›Wenn du das mal der Klasse erzählen würdest, würde ich mich zu den Schülern setzen.‹«

»Stimmt, die Lehrer wissen auch nicht alles.«

»Stellt euch mal vor, Leute, wir könnten Tiere mit in die Schule bringen. Ich finde, Tiere können auch ein Lernmaterial sein …«

»Stimmt. Ich würde meine Gekkos mitbringen.«

»… und es würde die Konzentration erhöhen. Vielleicht wäre euer Kevin ruhiger, wenn er einen gemütlichen Hund bei sich hätte, den er immer streicheln kann.«

»Und ich schlage vor, dass es eine Schuluniform gibt. Damit einzelne Kinder nicht angeben können mit ihren Markenklamotten.«

»Oh ja, und jeder könnte sehen, zu welcher Schule ein Kind gehört. Und dann würden die Kinder mit der gleichen Uniform vielleicht besser zusammenhalten.«

»Bei uns haben sie die Schule umgebaut und renoviert. Wäre schön gewesen, sie hätten uns auch mal gefragt. Wir hätten wirklich gute Ideen gehabt, für den Schulhof vor allem. Ich hätte mehr solche überdachten Nischen ringsherum gebaut, statt einen großen Spielplatz in der Mitte. Da könnte ich nämlich in der Pause mit meinem Freund Lukas mich zurückziehen und mit ihm die Regeln für den Club ausarbeiten, den wir gründen wollen.«

Ja, am Ende hatten wir heiße Köpfe. Und wenn es nicht schon spät gewesen wäre, hätten wir noch mehr Ideen produziert. Aber das können unsere Leserinnen und Leser auch.

Der Traum – der dritte Teil

Liebe Leserin, lieber Leser! Ist dir etwas aufgefallen? Kein einziges Kind träumt von einer Schule, in der *nur* Hochbegabte sind. Schon in Annas Geschichte von der Traumschule lernen auch Normalbegabte, zusammen mit den Hochbegabten. Das wird den Erwachsenen viel zum Nachdenken geben. Denn es gibt ja für andere Sorten von Kindern schon besondere Schulen: für Lernschwache zum Beispiel, für musikalisch sehr Begabte, für hör- oder sehbehinderte Kinder, usw. – Wäre es vielleicht besser, statt die Kinder auseinander zu sortieren, eine Schule einzurichten, in der alle Arten von Kindern zurechtkommen – und vor allem miteinander zurechtkommen?

Gerade die hochbegabten Kinder zeigen oft ihre Bereitschaft, anderen zu helfen, sogar Verantwortung zu übernehmen für Kinder, die jemand brauchen, der sie unterstützt. Florenz zum Beispiel – er heißt wie die italienische Stadt Florenz, aber er ist keine Stadt, sondern ein netter Junge – hat sich wochenlang bemüht, seinem Nebensitzer, der etwas chaotisch ist, beizubringen, wie man den Schultornister richtig einräumt, so dass man auch alles wieder findet. Und wie man sich darauf beschränkt, nur die Arbeitsblätter auf dem Tisch zu haben, die man gerade braucht, usw.

Am Ende unserer Diskussion darüber, wie eine Schule beschaffen sein sollte, damit auch Hochbegabte sich darin wohlfühlen und richtig gefördert werden, sagte ein Junge: »Oje, die armen Lehrer. Wenn die das alles umsetzen sollen, was wir vorschlagen, dann streiken die.«

»Es müsste einfach für jede Klasse zwei oder drei Lehrer geben, in jedem Unterricht. Dann könnten sie auf die verschiedenen Bedürfnisse der verschiedenen Kinder besser eingehen.«

»Das wäre doch ganz schön teuer.«

»Wäre es nicht. Denn wenn man gleichzeitig die Sonderschulen abschafft, dann sind doch genügend Lehrer da ...«

Mal sehen, was die Zukunft bringt. Auf jeden Fall, so denken wir, müssen wir an unseren Träumen festhalten, mit möglichst vielen Leuten darüber sprechen, auch mit Lehrern und Lehrerinnen, und mit den Eltern. Und auf jeden Fall wünschen wir uns für die Zukunft, dass nicht nur Erwachsene sich Gedanken machen darüber, was die richtige Schule für schlaue Füchse ist, sondern auch die betroffenen Kinder.

→ **Und nun würde uns sehr dein Traum von der idealen Schule interessieren. Was wünschst du dir von den Lehrern, deinen Mitschülern? Was erwartest du von dir selbst, das heißt, was würdest du beitragen können zu einer anderen Art von Schule?**

»Immer das Gleiche«

Oder: Warum Frau Klitz öfter mal Herrn Eklein heiraten sollte

»Mama!«, rief Viktor, schon während er die Haustüre aufschloss. »Mama! Wenn Frau Klitz und Herr Eklein heiraten, wie heißt sie dann?«

Viktors Mutter wunderte sich. Und zwar sehr. So aufgeräumt und schwungvoll war ihr Sohn noch nie aus der Schule gekommen. Wenn es ein ganz normaler Tag gewesen wäre, hätte Viktor erst mal sowieso gar nichts gesagt. Und die Mutter hätte gefragt: »Na, was habt ihr heute gemacht?« Und Viktor hätte gebrummt: »Das Gleiche wie gestern und wie vorgestern und wie vorvorgestern.« Und dann hätte er wahrscheinlich noch gestöhnt: »Immer das Gleiche eben.«

Denn Viktor gehört zu den schlauen Füchsen, die es geradezu aggressiv macht, wenn etwas immer und immer wieder wiederholt wird. Wenn die Lehrerin immer die gleichen Rechtschreibregeln immer noch mal in immer der gleichen Weise erklärt. Es macht ihn kribbelig und ungeduldig.

Aber an diesem Montag war es anders: »Frau Morgenthal hat mit uns Namenspiele gemacht. Wie ist der neue Name von Frau Hühne, wenn sie Herrn Rei heiratet?«

Die Mutter überlegte. Eine Sekunde zu lange.

»Na, Hühnerei!«, prustete Viktor heraus.

Also, um ehrlich zu sein: Namenspiele hat nicht Frau Morgenthal gemacht, sondern er, Viktor. Das kam so: Frau Morgenthal begann die Montagmorgen-Stunde ungewöhnlicherweise mit einer kleinen Ansprache; leicht errötet dabei, aber offensichtlich auch stolz. »Liebe Kinder, ich heiße ab jetzt nicht mehr Frau Morgenthal, sondern Frau Morgenthal-Kuhlmann.«

Erst mal rührte sich nichts in der Klasse, weil zunächst keiner wusste, was das sollte.

»Nun, ihr wundert euch vielleicht. Aber das kommt da her, dass ich am Samstag geheiratet habe. Mein Mann heißt Herr Kuhlmann. Und ihr wisst vielleicht, dass die Ehefrau in einem solchen Fall einen Doppelnamen bekommen kann. Also deshalb heiße ich ab sofort Frau Morgenthal-Kuhlmann.«

»Cool, Mann«, sagte Viktor zu seinem Nebensitzer.

Und weil die Kinder nicht auf Anhieb Frau Morgenthals Begeisterung für diesen Umstand teilten oder die Tragweite solcher Namensänderung nicht sogleich erfassten, beschloss die frisch gebackene Frau Morgenthal-Kuhlmann spontan, aus dieser Angelegenheit einen Unterrichtsstoff zu machen. Sie legte das Ringheft mit den laminierten Rechtschreibregeln zurück auf ihr Pult und fragte:

»Wer von euch kennt denn jemand, der auch, so wie ich, einen Doppelnamen hat?«

Zögerlich, bald aber etwas flüssiger, kam es von verschiedenen Plätzen: »Unsere Nachbarin heißt Trömpel-Plötz.« »Mein Vater heißt Meier-Thurau.« »Meine Tante heißt Liepmann-Irgendwas, den zweiten Teil hab ich vergessen. Aber ihr Mann ist auch ziemlich doof.«

Viktor, der heilfroh war, dass nicht schon wieder der gleiche Stoff durchgekaut wurde, war blitzwach.

»Denkt euch doch mal selbst solche Doppelnamen aus«, schlug Frau Morgenthal-Kuhlmann vor. »Erst sagt ihr den Namen der Frau, danach den Namen des Mannes, und die anderen sagen dann den neuen Doppelnamen.«

»Super«, dachte sich Viktor, »endlich mal was Anderes.« Und in die Klasse rief er:

»Wenn Frau Zick Herrn Zack heiratet, wie heißt sie danach?«

Kurze Stille. Dann zwei Mädchen gleichzeitig: »Frau Zick-Zack!«

Gelächter. Frau Morgenthal-Kuhlmann, ohnehin noch etwas müde vom vielen Heiraten, lächelte dünn und wandte sich von Viktor ab zur Klasse hin: »Wer macht denn mal richtige Vorschläge?«

Aber jetzt kam Viktor in Fahrt. »Wenn Frau Klitz Herrn Eklein heiratet …«

»Klitzeklein!«, johlte die ganze Klasse.

Frau Morgenthal-Kuhlmann wusste erst nicht so recht, ob sie mitlachen oder besser streng reagieren sollte.

»Frau Brö aus Österreich heiratet Herrn Tchen aus China, wie heißt …«, rief Viktor nun in einer für ihn ganz ungewöhnlichen Lautstärke in die Klasse.

Frieder kam als erster drauf: »Na, Brötchen, natürlich.«

Alle lachten und quasselten durcheinander.

Frau Morgenthal-Kuhlmann sann noch über den geeigneten Umgang mit der Situation nach, während diese ihr eigentlich schon aus der Hand geglitten war.

»Weiter, Viktor!«, riefen die Kinder.

»Okay. Frau Klinge und Herr Ling …«

»Klingeling!«, kreischten sie.

»Frau Struw und Herr Elpeter?«

»Struwelpeter!«

»Frau Las und Herr Twagen?«

»Lastwagen!«

Viktor war nach Steigerung: »Wenn Frau Zwei Herrn Sieben heiratet. Wie heißt sie dann?«

Erst mal heftiges Nachdenken in der Klasse.

»Zwei-Sieben?«, fragte Lene.

»Falsch!«

»Siebenundzwanzig?«

»Falsch! Neun heißt sie dann!«

So ging das mindestens 10 Minuten.

Ja, der Tag war gerettet. Endlich nicht schon wieder eine Wiederholung. Viktor hasste Wiederholungen. »Zeitverschwendung« war noch das mindeste, was er darüber dachte. »Will die mich veräppeln?« war das, was er meistens dachte, wenn Frau Morgenthal-Kuhlmann, beziehungsweise bis Freitag noch Frau Morgenthal, immer wieder das gleiche sagte. In Religion fand er es besonders ätzend. Da kauten sie immer wieder die Schöpfungsgeschichte durch. Viktor hatte sie schon beim ersten Hören verstanden. Also, wieso noch zehn Mal erzählen?

Wie wenn es ihn jucken würde. Man wird angespannt und aggressiv. Es ist lästig. Man möchte es wegkratzen, aber man wird es nicht los.

Aber nicht nur in der Schule brachten ihn die ständigen Wiederholungen zur Verzweiflung. Auch wenn Tante Tilda jedes Mal, wenn sie zu Besuch kam, alles, ungelogen alles, was sie zu erzählen hatte, mindestens drei Mal erzählte, hätte Viktor am liebsten auf den Tisch gehauen oder so etwas. Erstens kannte er ihre Geschichten sowieso in- und auswendig, die immer gleichen Geschichten von früher, von ihrem Verkehrsunfall vor 45 Jahren, von ihrem taubstummen Nachbarn und - vor allem - wie sie mal einen Zwanzigmark-Schein, also bevor es den Euro gab, auf der Straße gefunden hat. Nicht nur, dass Tante Tilda jedes Mal die gleichen Geschichten erzählte, nein, sie musste sie dann jeweils drei Mal erzählen. Es war zum Haareausreissen.

Viktor mochte Tante Tilda. Am liebsten allerdings, wenn sie mal gerade nichts sagte. Das kam aber eigentlich nur vor, wenn sie schlief. Also nach dem Verdauungsschnaps nickte sie für ungefähr zehn Minuten auf ihrem Sessel ein. Und dann merkte Viktor, dass er Tante Tilda mochte.

Onkel Jupp war auch nicht besser, was das betrifft. Es ist unklar, ob es noch *einen* Menschen auf der Welt gibt, der noch nicht weiß, dass Onkel Jupp keine Tomaten mag. Er erzählt es immer und überall. Er schafft es, jedes Gespräch und jeden Anlass dahin zu biegen, dass er seine Lieblingsgeschichte erzählen kann: Wie er nämlich als kleiner, hungriger Junge mal in eine Tomate gebissen hat, wie er erst nicht gemerkt hat, dass da eine Schnecke drauf saß, wie ihm der Geschmack dann komisch vorkam, wie er alles ausgespuckt hat, und dass er eben seitdem ... blablabla.

Aber Viktor wusste sich zu helfen. Da offenbar nichts an den ewigen Wiederholungen vorbeiging, sie schienen ihm ein ebenso überflüssiger wie unausrottbarer Bestandteil menschlichen Erzählens zu sein, gewöhnte er sich an, auf kleine Veränderungen in den Wiederholungen zu achten. Das wiederum stellte sich als recht spannend heraus. Auf diese Weise kam er zum Beispiel Onkel Jupp auf die Schliche. Irgendwas an seiner Tomaten-Geschichte schien Viktor nämlich verdächtig.

Wenn man ganz genau zuhörte und bei jeder Wiederholung die Worte verglich mit denen, die Onkel Jupp beim letzten Mal verwendet hatte, konnte man feststellen, dass es eben nicht immer genau die gleiche Geschichte war. Einmal hieß es, die Schnecke habe auf der Hinterseite der Tomate gesessen. Dann hätte Onkel Jupp sie doch an der Hand spüren müssen, oder? Denn man kann die Tomate ja nur hinten halten, wenn man vorne reinbeißt. Dann wieder hieß es, er habe direkt in die Schnecke gebissen. Demnach hätte sie also vorne gesessen. Wo denn nun? Dann wieder, bei der 275. Wiederholung, fiel Viktor auf, dass die Schnecke angeblich in der Tomate, innen drin, steckte. Komisch. Erstens: Machen das Schnecken wirklich, dass sie in die Tomate kriechen? Und dann: Also wäre sie wieder woanders gewesen.Viktor kam zu dem Schluss, dass an Onkel Jupps Tomaten-Geschichte irgendetwas faul war. Aber was?

Nun war er, Viktor, es, der Onkel Jupp bat: »Ach, erzähl uns doch noch mal, wie du damals in die Schnecke gebissen hast.«

Seltsam, seltsam. Diesmal kam eine ziemlich andere Geschichte zum Vorschein, obwohl es scheinbar ja wieder die gleiche war: Jetzt soll er in die Schnecke gebissen haben *im Glauben*, er hätte eine Tomate aus dem Korb genommen!

»Onkel Jupp, Onkel Jupp. Du flunkerst doch!«

Die Erwachsenen waren die Tomaten-Geschichte auch längst über. Im Gegensatz zu Viktor hörten sie schon gar nicht mehr richtig zu. Einige verdrehten die Augen. Aber Viktor konnte nun nicht mehr genug davon hören. Er kam sich wie ein richtiger Detektiv vor. Irgendwann hatte er es dann herausbekommen: In Wahrheit hatte nämlich Onkel Jupp als Junge, also damals nur Jupp, seiner Mutter, um ihr einen Streich zu spielen, eine Schnecke auf eine Tomate gesetzt. Sie hat rein gebissen – die Mutter in die Schnecke, nicht umgekehrt - und ihrem Sohn postwendend eine Backpfeife verabreicht. Außerdem musste er sich eine Strafpredigt anhören, dass man mit Lebensmitteln nicht solchen Schabernack treiben dürfe. Und drittens musste er fortan zu jeder Mahlzeit eine Tomate essen, damit er lernte, wie gut und wertvoll sie war. Irgendwann haben ihn die Dinger dann so geekelt, dass er einfach keine Tomate mehr essen konnte.

Wie Viktor das herausgefunden hat? Nun, einmal hatte sich Onkel Jupp versprochen. An der Stelle, wo er sonst immer sagte: »Ich beiß rein«, sagte er diesmal: »Sie beißt rein«, und dabei grinste er auch noch.

Viktor hakte sofort ein: »Wer hat reingebissen?«

Nun war Onkel Jupp erwischt. Und er erzählte jetzt die Geschichte, wie sie sich wirklich zugetragen hatte. Und seitdem hat er sie nie wieder erzählt.

Nun ja, nicht immer konnte Viktor sich die ewigen Wiederholungen auf eine solche Weise interessant machen. Wenn der Sportlehrer eine schwierige Aufgabe stellte und jedes Mal dazu sagte: »Ja, so ist das Leben. Hart, aber ungerecht«, war da nichts weiter zu erforschen.

Oder wenn Onkel Jupp, schon wieder er, Viktor jedes Mal fragte: »Was macht die Schule?«, gab es wenig Variationsmöglichkeiten, die man hätte untersuchen können. Allerdings gelang es Viktor auch hier, dem Onkel die Floskel auszutreiben. Während er, Viktor, sich normalerweise nur sparsam, wenn nicht abweisend zu der Frage äußerte, holte er einmal zu einem ausführlichen, langatmigen, aber auch gezielt langweiligen Bericht aus. Onkel Jupp hat ihn nie wieder nach der Schule gefragt.

Eine andere Möglichkeit waren Strichlisten. Herr Faltermann, der Mathe-Lehrer, pflegte in der Regel ein Mal in der Woche zu sagen: »Stimmt's oder habe ich recht?« Haha. Es ist schon beim ersten Mal nur mäßig lustig. Aber beim hundertsten Mal spürt man Brechreiz. Viktor legte sich eine Strichliste an. Jedes Mal, wenn Herr Faltermann sein blödes

Witzchen machte – »Stimmt's oder habe ich recht?« –, machte Viktor einen Strich auf seiner Liste. Mit Datum. Die ganze dritte Klasse hindurch. Am Ende konnte Viktor ausrechnen, wie oft im Monat er den Spruch hatte hören müssen.

Sodann verglich er diese Liste mit Frau Morgenthals, halt, mit Frau Morgenthal-Kuhlmanns Spruch: »Von nichts kommt nichts.« Interessanterweise stellte sich heraus, dass Frau Morgenthal-Kuhlmann ihren Spruch im Durchschnitt regelmäßig zwei Mal in der Woche sagt, Herr Faltermann seinen Spruch aber in Serien, also zwei Wochen lang jeden Tag, dann aber wieder eine zeitlang gar nicht. So forschte Viktor also über die ständigen Wiederholungen, denen er ausgesetzt war. Das war besser, als sie nur über sich ergehen zu lassen.

Da eine Frau Morgenthal schließlich nicht jede Woche Herrn Kuhlmann heiraten konnte, was außerdem ja auch wieder eine Wiederholung gewesen wäre und schweineteuer noch dazu, es also selten mal etwas Neues und Erfrischendes in der Schule gab, brachte Viktor auf diese Weise den Vormittag ganz gut hinter sich. Etwas zu entdecken oder nachzuforschen gab es bei den meisten Wiederholungen.

Nun könnte diese kleine Geschichte von Viktor eigentlich zu Ende sein. Das ist sie aber nicht, denn sie hat noch eine andere Seite. Wie ein Blatt, das eine Vorder- und eine Rückseite hat. Oder wie eine Münze. Oder wie Onkel Jupps Tomate.

Viktor, der gleiche Viktor, konnte es nämlich seltsamerweise nur schwer ertragen, wenn zu Hause nicht alles wie gewohnt ablief. Ob die Mutter das Mittagessen mal eine halbe Stunde später auf den Tisch brachte als üblich, ob sein Vater am Abend mal nicht als erstes nach den Sportnachrichten verlangte, ob Tante Tilda mal nicht ihren leckeren, mit gehackten Nüssen übersäten Frankfurter Kranz mitbrachte, sondern vielleicht einen Apfelkuchen – es störte ihn, machte ihn unruhig.

Gewohnheiten geben uns Sicherheit. Wenn die Dinge so laufen, wie sie schon immer gelaufen sind, wenn der Christbaum jedes Jahr den gleichen Schmuck trägt, das Auto des Nachbarn immer in der gleichen Weise schräg eingeparkt ist, lässt uns das wissen, dass wir im Vertrauten leben. Wir können uns darin wohl und sicher fühlen.

So ist es für Kinder wie Viktor nicht so einfach, beides zu haben: Man braucht das Vertraute, Gewohnte, mit anderen Worten: die stete Wiederholung des Gleichen, und andererseits gehen einem Wiederholungen auf die Nerven. Was wäre, wenn Herr Faltermann nicht immer seinen dummen Spruch – »Ja, so ist das Leben. Hart, aber ungerecht.« – ablassen würde? Wäre er dann noch der Herr Faltermann, bei dem man immer weiß, wo man dran ist? Und der insofern auch Sicherheit gibt. Viktor, auch Viktor, braucht Sicherheit und also Gewohnheiten und das Vertraute. Vielleicht braucht er das als schlauer Fuchs, der sich täglich mit tausend weitreichenden Fragen beschäftigt, sogar noch mehr als andere. Trotzdem: Wenn einer immer das Gleiche sagt, wird Viktor grantig.

Die Lösung ist eigentlich ganz einfach: Viktor muss nur selbst entscheiden, wann und wo er das Gewohnte braucht und wann er immer Neues statt gleichförmige Wiederholungen braucht.

Nur, sorry, das ist nicht wirklich eine Lösung. Denn außer Viktor gibt es noch ein paar andere Menschen auf der Welt und die haben und brauchen auch ihre Gewohnheiten, ihre regelmäßigen Wiederholungen, von Festen zum Beispiel, von Sprüchen, von Alltagsgewohnheiten und so weiter.

Aber halt, dann gibt es doch eine Lösung, oder nein: Lösungen. Viktor müsste mit den Leuten sprechen, müsste es sagen, wo er immer neue Anregungen sucht statt der Wiederholung, und er müsste es sagen, wo er das Gewohnte möchte. Mit den meisten Menschen kann man ganz gut reden. Man muss nicht alles alleine regeln. Und der liebe Gott hat uns bekanntlich einen Mund, aber zwei Ohren gegeben, damit wir doppelt so viel zuhören wie wir reden. Eine gute Voraussetzung, um zu gemeinsamen Lösungen zu kommen.

Übrigens war der Kompromiss für Viktor der: Als er mit seinen Eltern – es war kurz nach der Klitze-Klein-Geschichte – einmal über diese zwei Seiten der gleichen Sache gesprochen hatte, war deren Vorschlag, dass er sich selbst neue oder veränderte Gewohnheiten für die Familie ausdenken sollte. Statt Sonntagmorgen erst zu frühstücken und danach zum Schwimmen zu gehen, kann man es auch andersherum machen, schlug Viktor nun als erstes vor. Und sie stellten fest, dass sie nach der Umwandlung ihrer Sonntagmorgen-Gewohnheit alle viel mehr Appetit auf das Frühstück hatten. Welches übrigens Viktor mit seiner kleinen Schwester schon samstags plante. So war das Frühstück jeden Sonntag anders. Mal gab es Schinken mit Rührei, mal Müsli mit Obst, mal selbstgebackene Brötchen mit Marmelade von Tante Tilda. So war es eine gute Gewohnheit, Sonntagmorgen mit allen zusammenzusitzen, und trotzdem gab es immer auch eine kleine Veränderung.

→ **Hierzu könntest du zunächst einmal aufschreiben, welche nicht so ganz ernsten Doppelnamen dir einfallen. Sodann könntest du für dich mal überlegen, welche Wiederholungen dich nerven und welche Gewohnheiten du für dich oder eure Familie gut findest.**

Muss Schule eigentlich unbedingt langweilig sein?

Wir, die Kinder der Buchwerkstatt, haben bei der Vorbereitung zu diesem Buch einige schlaue Füchse und Füchsinnen interviewt. Wir wollten ihre Erfahrungen und Meinungen kennenlernen. Fast alle haben uns erzählt, dass ihnen im Unterricht oft langweilig ist. Sie haben den Unterrichtsstoff oft schon längst verstanden und wünschen sich eigentlich, dass die Lehrerin jetzt neuen Stoff bringt. Stattdessen wird tage- und wochenlang immer wieder das Gleiche erklärt und eingeübt. Da sind dann manche schlaue Füchse genervt und »tauchen ab« – träumen vor sich hin, denken sich komplizierte Spiele aus oder versuchen einfach, sich mit ihren Nachbarn zu unterhalten. Die Lehrerin schimpft dann.

Also zunächst einmal sind wir der Meinung, dass es die Aufgabe der Lehrerin ist oder des Lehrers, den Unterricht für alle Kinder interessant zu machen. Andererseits haben wir Verständnis dafür, dass so eine Lehrerin auch auf die schwächeren Schüler und Schülerinnen Rücksicht nehmen muss. Und die müssen oft halt lange üben, bis sie den neuen Stoff drin haben.

Wir haben natürlich auch gefragt: »Was machst du dann, wenn dir langweilig ist in der Schule?« Paul zum Beispiel hat sich eine »Rückwärts-Welt« ausgedacht. So nennt er das. Die »Rückwärts-Welt« ist eine Phantasiewelt, in der alles anders herum abläuft als in der wirklichen Welt. Da gehen die Leute rückwärts durch die Straßen und im Winter steigen Schneeflocken von der Erde zum Himmel auf. Und in der Rückwärts-Welt spricht man auch rückwärts. Nun macht Paul sich einen Sport daraus, alles, was die Lehrerin sagt, rückwärts zu denken. Wenn sie zum Beispiel fragt: »Wieviel Zehner sind in der 80 versteckt?«, dann heißt das in der Rückwärts-Welt: »Versteckt 80 der in sind Zehner wieviel?« Und wenn Paul besonders ehrgeizig ist, dreht er auch noch die einzelnen Wörter um. Aus »Zehner« wird dann »Renhez«.

Naja, Paul, so kann man das machen. Und das ist ja auch ganz amüsant. Aber was machst du, wenn du so tief in deine Rückwärts-Welt versunken bist, dass du gar nicht mehr mitbekommst, wenn dann doch mal wieder ein neues oder interessantes Unterrichtsthema dran ist? Dann verpasst du vielleicht etwas, das spannend sein könnte. Und hinterher ärgerst du dich vielleicht.

Und außerdem, Paul, bist du ja nicht in allen Fächern ein Schnell-Versteher und Alles-Könner. Das ist ja bei den meisten schlauen Füchsen so. Gerade Paul, der in Mathe ein Ass ist, hat zum Beispiel – nichts für ungut, Paul – ziemliche Schwierigkeiten mit den Rechtschreibregeln. Wenn die dran sind, sollte er sich besser wieder in die Vorwärts-Welt einklinken.

Madlen macht es etwas anders als Paul. Sie ist auch ein Mathe-Ass. Und wenn sie sich im Mathe-Unterricht langweilt, denkt sie sich neue Rechenwege aus, die extra ein bisschen umständlich sind. Sie nimmt zum Beispiel alles mit der Drei mal, was addiert werden soll. Hinterher teilt sie das Ergebnis dann wieder mit der Drei. Oder sie nimmt nur die Hälfte der Zahlen, die zusammengezählt werden sollen, und verdoppelt dann das Ergebnis. Am Anfang hat sie das dann auch immer gesagt, wenn sie aufgerufen wurde, um vorzurechnen. Aber ihrer Lehrerin, Frau Kowalski, war das nicht recht. Wohl, weil die anderen Kinder entweder Bauklötzchen staunten oder Faxen machten, wenn Madlen ihre Rechenwege beschrieb, oder sie einfach eine »Angeberin« nannten. Dann hat Frau Kowalski mit Madlen vereinbart, dass sie diese besonderen Rechenwege im Unterricht nur aufschreibt und ihr, der Frau Kowalski also, dann nachmittags in einer E-Mail zuschickt. Das klappte ganz gut.

Irgendwann wurde Madlen das aber auch zu langweilig. Madlens Mutter hat dann mit Frau Kowalski gesprochen und die hat Madlen daraufhin jeden Tag Zusatzaufgaben gegeben. Zum Beispiel sollte Madlen sich in Lexika und im Internet schlau machen, wie eigentlich die alten Indianer zusammengezählt haben. So hat sie gelernt, wie man mit Knotenschnüren rechnen kann. Später hat sie das der Klasse vorführen dürfen und die fand das ziemlich spannend. Und »Angeberin« haben sie nicht mehr gesagt.

Bei dieser Gelegenheit wollen wir gleich mal etwas klar stellen: Es gibt Probleme, die man nicht alleine lösen kann und auch nicht muss. Auf diesen wichtigen Grundsatz werden wir immer wieder zurückkommen in diesem Buch.

Madlens Mutter war das auch klar. Dass Madlen nämlich sich nicht ohne weiteres trauen würde, zu Frau Kowalski zu sagen, dass der Unterricht oft langweilig sei. Und dass sie interessante Aufgaben bekommen möchte. Obwohl Frau Kowalski sehr nett ist und die Kinder nur selten anbrüllt (komischerweise meistens montags, hat Madlen herausgefunden), würde Madlen denken, es sei frech, von der Lehrerin interessanteren Stoff zu erbitten.

Naja, das ist die Frage. Höfliche Worte vorausgesetzt – ist es wirklich frech, eine Bitte vorzutragen? Eigentlich doch nicht. Aber gegenüber Respektspersonen traut man sich eben nicht so recht. Man weiß ja nie, wie die reagieren. Deshalb war es gut, dass Madlens Mutter da für sie eingesprungen ist. Übrigens, wer weiß, vielleicht geht es Frau Kowalski auch mal so, wenn sie den Schulrat eigentlich um etwas bitten möchte, aber sich nicht traut. Der ist ja auch eine Respektsperson. Wenn der im Unterricht sitzt und Frau Kowalskis Unterrichtsmethode beurteilen muss, und wenn der ständig schnieft, dann würde sich Frau Kowalski vielleicht auch nicht trauen, ihn zu bitten: »Könnten Sie sich mal bitte die Nase putzen.« Und wenn Frau Kowalski Glück hat, hat sie ein nette Schulleiterin, die das für Frau Kowalski erledigt.

Wir haben außer hochbegabte Kinder auch einige Lehrer und Lehrerinnen interviewt und sie gefragt, wie sie mit hochbegabten Schülern und Schülerinnen umgehen. Dabei zeigte sich, dass die allermeisten Lehrerinnen und Lehrer großes Verständnis für diese Kinder haben. Dass sie auch gerne bereit sind, ihnen Zusatzaufgaben zu geben. Dass viele es sogar akzeptieren würden (allerdings, so hatten wir den Eindruck, nur zähneknirschend), dass hochbegabte Kinder keine übenden Hausaufgaben machen wollen. Weil die hochbegabten Kinder ja immer sagen: »Wieso muss ich das noch tausendmal üben zuhause, wenn ich doch längst verstanden habe, wie die Zahlen in der Hunderter-Tafel zusammengehören?« Also einige Lehrerinnen würden das wohl akzeptieren, allerdings nur ungern. So wie wenn man ein Zebra bittet, Tango zu tanzen. Wenn man sehr, sehr liebevoll mit ihnen spricht, würden einige wenige Zebras das versuchen, aber auch nur ungern.

Jedenfalls hat uns das Mut gemacht, dass die meisten Lehrerinnen und Lehrer so verständnisvoll waren. Mut, eben doch mal selbst um Zusatzaufgaben zu bitten. Zumal die Lehrerinnen uns nämlich erzählt haben, dass sie manchmal gar nichts davon wussten, dass sich da ein Paul oder eine Madlen im Unterricht langweilen. Sie fanden diese Pauls und Madlens allenfalls »unkonzentriert«.

»Unkonzentriert« sagen Lehrerinnen und Lehrer immer, wenn ein Kind ihrem Unterricht nicht mit Begeisterung folgt.

Also muss es ihnen jemand sagen. Und es ist gut so, dass Erwachsene, Eltern, sich eher dazu trauen. Denn es ist auch damit wie mit den Zebras. Sagt mal zu einem Zebra: »Es wäre mir lieber, liebes Zebra, deine Streifen würden längs über deinen Körper gehen statt quer.« Könnte sein, dass das Zebra dann eingeschnappt ist. Aber wenn der Zoodirektor das sagt, ist das Zebra vielleicht eher bereit, einmal darüber nachzudenken.

Also noch mal: Es ist super, wenn du dich traust, deiner Lehrerin zu sagen, wenn du dich im Unterricht langweilst. Wenn es irgendwie geht, möchten wir dir raten, dies mit den freundlichsten und höflichsten Worten zu tun, die dir bekannt sind. Es ist aber sehr verständlich, und übrigens auch normal, wenn du dich nicht traust.

Dann müssen deine Eltern sich für dich einsetzen. Die müssen dann mit der Lehrerin reden, auch wenn sie vielleicht nicht Frau Kowalski heißt. Und, wie gesagt, die meisten Kowalskis, äh, Lehrerinnen, reagieren durchaus mit Verständnis.

Zum Schluss noch ein anderes Beispiel: Judith, wenn ihr langweilig ist im Unterricht – sie ist ziemlich perfekt in Deutsch –, denkt sie sich Geschichten aus. Wenn die Lehrerin zum Beispiel zum siebenunddreißigsten Mal (Judith hat mitgezählt) der Klasse erklärt, welche Wörter mit einem großem Anfangsbuchstaben geschrieben werden und welche mit einem kleinen, dann erfindet sie eine Geschichte dazu: Wie das große A und das kleine a zusammen spazieren gehen und sich bei fast allem, was sie sehen, darüber streiten, wer von ihnen beiden jetzt dran ist. Da rennt eine Katze über die Straße. Und das kleine a sagt: »Die hat Glück gehabt. Denn aufgepasst hat sie nicht.« Also bin ich dran. »Schon«, sagt das große A, aber wenn ihr jetzt jemand hinterher gerufen hätte ›Aufpassen‹, wäre ich dran. »Das finde ich nicht gerecht«, sagt das kleine a. »Aber logisch«, hält das große A dagegen, »denn der Anfang gehört immer mir.« – So was schreibt sich Judith dann auf und manchmal gibt sie es am Ende der Stunde der Lehrerin. Und wenn die gut drauf ist, sagt sie zu Judith: »Das könntest du morgen der Klasse vorlesen.«

→ Es könnte Sinn machen, dass du mal für dich selbst aufschreibst, wo du dich wirklich langweilst und wo nicht. Außerdem hast du ja vielleicht eine andere Meinung zu dem Thema »Zusatzaufgaben erbitten«. Dann könntest du uns Gründe aufschreiben, die für dich dagegen sprechen.

Mathe: Eins, Deutsch: Fünf

Yannick schreibt in den Mathe-Arbeiten immer eine Eins. Automatisch. Er kann gar nicht anders. Auch in Religion: Eins. Hier interessieren ihn die Gespräche um Umweltschutz, die Erhaltung der Erde und ihres Klimas und auch über die Verschiedenheit der Menschen: Chinesen, Schwarzafrikaner, Eskimos. Da ist er mit brennendem Interesse dabei. Er holt sich DVDs aus der Bibliothek über die fremden Völker. Und nebenbei hat er so ein paar Brocken Inuit gelernt. Das ist die Sprache der Eskimos.

In Deutsch, ja in Deutsch hat er früher gerne Aufsätze geschrieben. Manchmal sogar freiwillig. Obwohl es keine Hausaufgabe war. Aber inzwischen … inzwischen ist ihm das Aufsätze-Schreiben verleidet. Jedes Mal steht fett und rot »Fünf« darunter. Oft noch mit so blöden Bemerkungen wie: »Viele Wörter sind nicht erkennbar.« Sein Textblatt ist übersät mit den roten Fehlermarkierungen der Lehrerin.

Was ist da los? Yannick ist ein schlauer und sehr interessierter und aufgeschlossener Junge. Und er weiß auch schon, was er mal werden wird: nämlich Unterwasserkoch. Jawohl, Unterwasserkoch. Das ist ein Beruf, den gibt es noch gar nicht. Yannick hat ihn erfunden. Er will eine Taucherausbildung machen und außerdem eine Kochlehre. Und dann will er versuchen, ob man nicht in einem wasserdichten Behälter zum Beispiel mit einem Herd, der über eine Batterie betrieben wird, dort unten Spiegeleier braten kann. Mit Ketchup, versteht sich. Oder Zitronenrollen (Yannicks Lieblingskuchen). Für Taucher, die lange am Meeresboden arbeiten müssen. Wenn sie zum Beispiel einen Schatz heben. – Also Yannick hat viel vor, und ehrgeizig und versessen, wie er ist, könnte das auch klappen.

Wenn man nur nicht immer alles aufschreiben müsste. Er fand es von Anfang an überflüssig. Es muss doch reichen, wenn man etwas im Kopf hat oder wenn man es sagt. Wozu noch aufschreiben? Nun, Yannicks Lehrerin, seine

Eltern und offenbar die gesamte Menschheit außer Tilman, seinem besten Freund, sehen das aber anders.

Yannick hat in seinem Leben schon viel verstanden: Wieso die Dinos ausgestorben sind. Wieso es Sinn macht, dass die Erde rund ist. Und auch weshalb Mädchen manchmal so zickig sind. Aber die Rechtschreibung war ihm schon immer ein großes Geheimnis. Und zwar ein ziemlich ungemütliches. Weshalb darf man nicht »Ferkäuferin« schreiben, obwohl man am Anfang ein »F« spricht, genauso wie bei »Fandflasche«, was ja auch mit »F« anfängt. So'n Quatsch, denkt Yannick. Das gibt doch keinen Sinn.

Und richtig traurig wurde Yannick, als es vor kurzem wegen so etwas Dämlichem – und zwar ausgerechnet wegen den »Fandflaschen« – zum ersten Mal Streit mit Tilman gab. Yannick hatte ihm eine E-Mail geschrieben, ob er am Nachmittag mitgehen würde, »Fandflaschen« im Supermarkt abzugeben. Und Tilman schrieb zurück, dass er aber keine Lust habe, erst im Stadtpark Flaschen zu finden, um sie dann, weiß Gott wann, zum Supermarkt zu bringen. Yannick war schwer sauer. Tilman hatte ihn missverstanden. Und Yannick wusste nicht wieso. Er spürte nur, dass da irgendetwas mit der Verständigung nicht stimmte. Und dann wurde er also sehr traurig, weil Tilman ihn nicht verstand.

Yannick hatte das Gefühl, dass die Buchstaben und Worte ein seltsames Eigenleben führten, sobald sie aufgeschrieben waren. Und er wusste nicht, wie er *das* verstehen sollte. Irgendwie unheimlich.

Hier unterbrechen wir kurz die Geschichte von Yannick. Yannick ist eines von den Kindern, die zwar hochbegabt sind, aber gleichzeitig »Legastheniker«. So heißt das amtlich. Es klingt vielleicht etwas furchteinflößend, meint aber nur, dass so ein Kind extreme Schwierigkeiten mit der Rechtschreibung hat und dass ihm bloßes Üben – vor einem Diktat zum Beispiel – gar nichts nützt. So ein Kind bekommt die Rechtschreibregeln und den Zusammenhang von gesprochenem, beziehungsweise gehörtem Wort einerseits und geschriebenem Wort andererseits einfach nicht in seinen Kopf.

Dafür kann es nichts. Genau so wenig wie ein Kind, das kurzsichtig ist und deswegen eine Brille braucht, etwas dafür kann. Und das mit der »Legasthenie« ist auch nicht so schlimm, wie es sich anhört, weil es gibt Förderprogramme, die so einem Kind helfen, die Rechschreibregeln dann doch noch zu verstehen und sie richtig anzuwenden.

Schlimm ist etwas anderes daran: dass sowohl die Erwachsenen wie die betroffenen Kinder selbst oft denken, da stecke Faulheit dahinter. Oder Dummheit. Keins von beidem trifft zu. Aber gemein ist eben, wenn solche Kinder selbst dafür verantwortlich gemacht werden. Sie können wirklich nichts dafür. Sie brauchen einfach nur die richtige Hilfe. So wie das kurzsichtige Kind eben eine Brille braucht. Dem unterstellt man ja auch nicht, dass es aus Faulheit oder Dummheit so unscharf sieht.

Hochbegabte Kinder, die so eine Rechtschreibschwäche haben, sind nicht nur sich selbst ein Rätsel. Auch viele Erwachsene kapieren das oft nicht: dass da einer einerseits Superleistungen bringt und sich andererseits in Rechtschreibung anstellt wie ein Fisch auf dem Motorrad.

Nun, Yannicks Geschichte ist schließlich, Gott sei Dank, doch noch gut ausgegangen. Seine Religionslehrerin hat sich kundig gemacht über dieses Thema »Rechtschreibschwäche« und hatte veranlasst, dass Yannick einen speziellen Unterricht dafür bekommt, nur er alleine. Und am Ende der vierten Klasse hatte er es dann doch noch verstanden, wie die gesprochenen Worte mit den geschriebenen zusammenhängen. Und er konnte jetzt sogar genau erklären, wann man ein »f« schreibt und wann ein »v«, obwohl man beide oft gleich ausspricht.

Und aus dem Missverständnis mit den »Fandflaschen« wurde zwischen Tilman und ihm (sie hatten sich längst wieder vertragen und mussten im nachhinein viel darüber lachen) ein Dauerspaß. Sie machten mindestens ein Mal am Tag immer neue Wortspiele daraus: »Wer erpfand das Spiegelei?« »Ich pfinde, das ist eine wichtige Frage.«

Nun haben wir ja noch andere schlaue Füchse und Füchsinnen kennengelernt ...

Der Vollständigkeit halber muss jetzt mal gesagt werden, dass das Wort »Füchsin« eigentlich nicht so ein richtiges Wort ist. Jeder weiß zwar, was gemeint ist. Aber genau genommen heißt die Schwester von Herrn Fuchs nicht Frau Füchsin, sondern sie heißt »Fähe«. Klingt schön, nicht wahr. Wie aus einem Gedicht. Oder aus einem Märchen. Auf jeden Fall irgendwie feierlicher als das Wort »Füchsin«. Andererseits – soll man ein hochbegabtes Mädchen eine »schlaue Fähe« nennen? Irgendwie komisch. Lassen wir es also bei der »schlauen Füchsin«.

... also wir haben auch noch andere hochbegabte Kinder kennengelernt, die nicht in allen Fächern Supernoten haben. Und zwar aus ganz anderen Gründen als Yannick.

Den Vogel hat Paola abgeschossen. Paola ist der Meinung, dass ihre Lehrerin, Frau Stötz, beschäftigt werden muss. Frau Stötz ist eine ganz junge Lehrerin. Kommt gerade frisch von der Uni. Sie ist supernett mit den Kindern. Man weiß, dass sie keinen Mann hat und keine Kinder. Und einen Hund hat sie auch nicht. Nicht mal einen Kanarienvogel. Das hat sie alles am Anfang des Schuljahres den Kindern erzählt, als sie die dritte Klasse übernahm. Paola also hat sich nun gedacht: Die arme Frau Stötz. Der muss doch oft langweilig sein zuhause, so am nachmittag, ohne Ehemann, ohne Kinder, ohne Hund. Um Frau Stötz nun etwas zu helfen, hat Paola bei jeder Klassenarbeit sich bemüht, einige Fehler einzubauen. Damit eben Frau Stötz etwas zu tun hatte an ihren langweiligen Nachmittagen. Solange sie noch keinen Mann hatte.

Paola konnte immer ziemlich genau ausrechnen, wieviel Fehler sie machen musste, damit es eine Drei wurde. Ob in Mathe, in Deutsch, in Sachkunde – überall stand Paola auf Drei.

Ihre Eltern kapierten das zwar nicht. Denn eine Psychologin hatte ihnen, schon als Paola noch im Kindergarten war, mitgeteilt, ihre Tochter sei hochbegabt. Aber sie hatten sich inzwischen daran gewöhnt. Sie fragten sich nur, ob die Psychologin damals sich vielleicht geirrt hatte. Hatte sie sich nicht. Paola war nur einfach ein sehr verantwortungsbewusstes und hilfsbereites Mädchen. Und so half sie eben – auf ihre Weise – ihrer Lehrerin.

Okay, das Beispiel von Paola ist ein bisschen lustig; das Beispiel von Yannick ist ein bisschen traurig. Aber mal ganz nüchtern betrachtet: Es gibt kaum ein hochbegabtes Kind, das in allen Fächern Spitzenleistungen bringt. Das ist ganz normal und bei den Erwachsenen ist es auch so. Lillys Vater zum Beispiel kann toll kegeln und er hat schon einige Pokale in seinem Kegelclub gewonnen. Aber beim Fahrradfahren stellt er sich an wie eine Schildkröte. Unbeholfen. Schwerfällig. – Oder Andreas großer Bruder zum Beispiel ist Graphiker, weil er supergut zeichnen und malen kann. Aber Mathe: Katastrophe.

Und so ist das auch bei den Hochbegabten: Die einen lieben die Sprache, die Wörter, kennen auch jede Menge davon (den Hinweis, dass die Füchsin eigentlich Fähe heißt, haben wir von so einem sprachverliebten Kind bekommen); sie spielen mit den Wörtern wie andere Kinder mit Murmeln; sie bauen neue Wörter oder Bandwurmsätze zusammen, wie andere aus Lego immer neue Raumschiffe zusammenbauen. Aber gerade das können die Wörter-Fans oft nicht so gut: etwas zusammenbauen aus Holz oder Lego. So geschickt sie mit der Zunge sind, so ungeschickt sind sie manchmal mit den Fingern.

Macht das was? – Eigentlich nicht. Wer sich darüber einen Kopf macht, sind ja eh meist eher die Erwachsenen (außer in Yannicks Fall, der sich verständlicherweise selbst einen Kopf über seine Rechtschreibprobleme gemacht hat). Der eine ist ein Meister im Sport, aber in Deutsch – na ja. Die andere,

Kathi zum Beispiel, ist im Kinderballett schon bei den Aufführungen dabei (sie ist »motorisch hochbegabt«, sagen die Erwachsenen), aber Mathe ist für sie öde und »wie tot«, wie sie manchmal sagt. Mathe liegt ihr einfach nicht. So kommt sie gerade noch mit einer verbeulten Vier durch.

Wieder ein anderer kann diskutieren wie ein Weltmeister. Wenn es im Deutsch-Unterricht oder in Religion um wichtige Fragen geht wie etwa: »Welche Unterschiede kennen wir zwischen Jungs und Mädchen?« oder: »Was ist Freundschaft?« Da findet er wie aus dem nichts Argumente, als wäre er ein Rechtsanwalt. Aber derselbe Junge wird sehr einsilbig, drückt sich etwas unbeholfen aus und bekommt keinen Satz zuende, wenn die Klasse im Kunstunterricht moderne Bilder gemeinsam anschaut und sich tiefsinnige Gedanken dazu machen soll. Bei seiner Kunstlehrerin war er unten durch, als sie Zeichnungen von dem spanischen Maler Picasso zeigte und er nur »So ein Blödsinn« murmelte. Er hasste es, wenn er aufgerufen wurde und sagen sollte, in welche Stimmung ihn so eine Zeichnung versetze. Lieber Gott, in eine schlechte Stimmung eben. Aber das war ja nicht das, was die Lehrerin hören wollte. Also stammelte er etwas daher, was nicht Hand und nicht Fuß hatte, und zum Schluss war es eine Sechs. Wenn schon. Morgen würden sie über die verschiedenen Religionen sprechen und da hatte er sich schon schlau gemacht im Internet und da würde er wieder voll einsteigen.

Also, wir sehen, es kann ganz verschiedene Gründe haben, weshalb Hochbegabte nicht in allen Fächern Einsen nach Hause bringen. Später in diesem Buch kommen wir auf dieses Thema noch mal zurück.

→ **Fürs erste könntest du einmal aufschreiben, auf welchen Gebieten du gut bist (und wir schlagen dir vor, hierbei nicht nur an Schule zu denken, sondern auch an deine Hobbies und privaten Interessen) und auf welchen nicht so gut und wie das bei deinem Freund ist oder, sagen wir, bei einem Erwachsenen, den du gut kennst.**

Herr Brösebein bekommt auch nicht immer eine Eins, aber meistens schon

In Deutsch, in Englisch und in Sachkunde ist Gülcen supergut. Sie freut sich auf den Unterricht und sie kann es nicht haben, wenn andere Kinder unruhig sind. Sie passt auf wie ein Luchs und zu Hause liest sie in ihren Lexika immer nach zu den Sachen, die Herr Brösebein im Unterricht erzählt.

Herr Brösebein bildet sich deshalb ein, Gülcen müsste immer eine Eins schreiben in den Fächern. Das nervt.

Also zunächst einmal wollen wir klarstellen, dass Herr Brösebein ein sehr netter Lehrer ist. Es tut uns leid, dass er so einen dicken Bauch hat und andererseits so spargeldünne Beine. Gülcen findet, dass der liebe Gott eine gute Idee hatte, als er Herrn Brösebein den Namen Herr Brösebein gab. Man muss nämlich immer Angst haben, dass ihm die dünnen Beine unter dem dicken Bauch wegbröseln. Insgeheim nannte sie ihn deshalb Herr Bröselbein. Wahrscheinlich wollte der liebe Gott nicht so frech sein und hat ihn nicht gleich Herr Bröselbein genannt, sondern nur Herr Brösebein.

Und was Gülcens Namen betrifft: Ihre Eltern stammen aus der Türkei. Deshalb spricht man ihren Namen »Gülschen« aus, nicht etwa »Gülsen« und auch nicht »Gülzen«. Und schreiben muss man ihren Namen eigentlich mit einem kleinen »s« unter dem »c«. Aber Gülcen schreibt am PC ihren Namen selbst auch mit dem normalen »c«. Deshalb machen wir das auch so. Sie wolle keine Sonderzeichen in ihrem Namen, sagt sie. (Naja, darüber müsste noch diskutiert werden.)

Herr Brösebein hatte, wie gesagt, schon lange bemerkt, dass Gülcen in Deutsch und in Sachkunde seine beste Schülerin ist. Lange bevor er erfuhr, dass sie hochbegabt ist. Nun meint Herr Brösebein also, Gülcen müsse jedes Mal eine Eins schreiben und guckt enttäuscht und ratlos, wenn sie mal eine Zwei oder – diesen Katastrophenfall gab es nur ein Mal –

eine Drei schreibt. – Lieber Herr Brösebein! Sie sind ein prima Lehrer. Und gerecht sind Sie auch. Aber auch Sie sind nicht jeden Tag in Höchstform. Sie machen einen spannenden und sogar lustigen Unterricht. Sagen wir, jedenfalls an vier von fünf Tagen. Manchmal sind Sie aber nicht so gut drauf. Vielleicht drückt Sie dann Ihr Bauch oder Sie überlegen, ob er bald platzt und was Sie dann ohne Bauch machen sollen, oder Ihre zarten Beine tun Ihnen weh. Dann und wann sind Sie sogar ein bisschen unkonzentriert. Dann sagen Sie alles zwei Mal. Macht nichts. Auch Erwachsene, lieber Herr Brösebein, bekommen nicht immer eine Eins.

So ähnlich hat es Gülcen eines Tages für sich auf einen Zettel geschrieben, als Herr Brösebein mal wieder alles zwei Mal sagte. Dummerweise hat sie jedoch den Zettel auf ihrer Bank vergessen und Herr Brösebein hat ihn gefunden. Nach der Pause hat er immer noch so gelacht, dass sein Bauch gefährlich nach oben und nach unten hüpfte, wenn auch seltsam langsam, so ähnlich wie ein Jojo, und einige Kinder fürchteten, der Bauch könnte sich vielleicht selbständig machen und wie ein großer Gummiball durch das Klassenzimmer hüpfen.

Herr Brösebein hat meistens gute Laune. Und wenn er sehr gute Laune hat, bringt er seine Gitarre mit und spielt den Kindern im Unterricht etwas vor, wie neulich, als er afrikanische Lieder spielte, nachdem über Afrika gesprochen wurde. Und wenn er ultra-super Laune hat, lässt er die Kinder sogar auch mal auf seiner Gitarre spielen. Es war also nicht so ein ganz großes Wunder, dass Herr Brösebein Gülcens Zettel mit Humor genommen hat. Aber geändert hat sich erst mal nichts. Im Gegenteil. Zu Gülcens Eltern sagte er beim Elternsprechtag, dass das ja typisch für so ein hochbegabtes Kind sei, dass es sich solche Gedanken macht, wie sie auf dem Zettel standen.

Da beschloss Gülcen, Herrn Brösebein auch mal etwas beizubringen. Ihm »eine Lektion zu erteilen«, wie die Erwachsenen sagen. Die Lektion hieß: »Manchmal ist mir das Thema wichtiger als die Note.« Das kam so. In Sachkunde sprach Herr Brösebein über den Klimawandel und die Erderwärmung. Fast alle Kinder konnten etwas zu dem Thema beitragen. Sie hatten zu Hause schon mit ihren Eltern darüber gesprochen oder etwas darüber im Fernsehen gesehen. Alle schienen Angst zu haben vor dem Klimawandel: »Manche Tierarten werden aussterben«, sagten sie. Oder: »Dann kommen die Schlangen aus der Wüste zu uns nach Deutschland gekrochen.« Oder auch: »Die alten Leute werden die Hitze nicht aushalten.« Und Benni meinte: »Hoffentlich gibt es dann genügend Eis. Zitroneneis mag ich am liebsten.« – Auch Herr Brösebein machte ein ziemlich bedenkliches Gesicht. Am Ende der Stunde bekamen die Kinder die Hausaufgabe, einen Aufsatz zu dem Thema zu schreiben: »Wie können wir den Klimawandel bremsen?« Und die Hausaufgabe sollte wie eine Klassenarbeit bewertet werden.

Gülcen wusste natürlich genau, wie Herr Brösebein das meinte und was er erwartete: »Fahrt weniger Auto, Leute!«, »Schafft die Kohlekraftwerke ab!«, »Verzichtet auf Flugfernreisen!« und dergleichen. Sie dachte sich aber, dass es ja ganz interessant sein könnte, mal zu überlegen, ob der Klimawandel vielleicht auch gute Seiten haben könnte. So schrieb sie einen Aufsatz darüber, wie neue Arbeitsplätze entstehen könnten durch den Klimawandel (etwa im Hochwasserschutz); wie neue Arten von Kleidung entwickelt würden (damit die alten Leute nicht so schwitzen müssen); wie Deutschland zum Urlaubsparadies für Finnen, Norweger und Isländer würde (weil es hier bald so warm und sonnig sein würde wie in Italien). Gülcen wusste natürlich, dass das nicht das Thema der Hausarbeit war. Aber diese positive Seite der Erderwärmung fand sie im Moment mindestens so spannend wie die schädlichen Seiten. Das wollte sie ihrem Lehrer klarmachen. Dass das keine Eins werden konnte, weil ja das Thema verfehlt war, war auch klar.

Wir könnten ja überhaupt mal fragen, wieso die Noten und besonders die Einsen so unsagbar wichtig sind. Und wem eigentlich? Doch meistens den Erwachsenen. Die Erwachsenen verwechseln die »Leistung« – ein Wort, dass sie täglich 12 bis 15 Mal verwenden, außer an Sonn- und Feiertagen – mit dem Interesse. Natürlich ist es gut, dass man durch die Note weiß, wo man steht.

Aber geht das nur über Noten? Gülcen jedenfalls wusste immer sehr genau, wo sie noch lernen und üben musste (in Mathe nämlich) und wo sie einen guten Überblick hatte (zum Beispiel darüber, wie man in Deutsch und in Englisch Worte zu Sätzen zusammenbaut). Dazuhin hatte Gülcen auch nicht immer Lust, Einsen zu schreiben. Sie sagte sich: »Schreib ich eine Eins, bin ich die Streberin in der Klasse, aber die Erwachsenen sind zufrieden. Schreib ich eine Zwei oder Zwei bis Drei, runzeln die Erwachsenen die Stirn, aber die anderen Kinder sind wieder bereit, mit mir zu spielen.« Sie hatte sich übrigens ein ganz anderes Bewertungssystem ausgedacht: Wer seine Sache gut macht, bekommt den jeweils nächsten Stoff. Je schneller er lernt, umso schneller bekommt er wieder neuen Stoff. Außerdem darf er sich den neuen Stoff aus mehreren Möglichkeiten aussuchen. Wer seine Sache nicht gut macht, muss sie so lange üben, bis er sie kann. Vorher bekommt er keinen neuen Stoff und er darf sich auch nicht aussuchen, was er lernt. – Aber das nur am Rande.

Jetzt wieder zurück zu Gülcen und Herrn Brösebein.
Herr Brösebein schien erst mal stinkig zu sein, als Gülcen ihren Aufsatz vorlas. Soll er, dachte sie sich. Vielleicht kapiert er ja, dass ich über das geschrieben habe, was *mir* wichtig ist an dem Thema. Jedenfalls sagte er nichts. Erst am Ende der Stunde nahm er Gülcen beiseite. Als hätte er zwei bis drei Zitronen verschluckt, sagte er bekümmert: »Was soll ich mit dir machen? Du bist immer schon weiter.« Gülcen meinte es nicht so frech, wie es sich vielleicht anhört, als sie antwortete: »Gehen Sie doch mal zu einer Fortbildung.« Gülcen kannte das mit der Fortbildung nämlich von ihrer

Mutter. Die ist Krankenschwester, Kinderkrankenschwester, um genau zu sein. Sie geht oft zu einer »Fortbildung«. Wenn sie wiederkommt, ist sie immer guter Laune und sagt, sie habe jetzt wieder was Neues gelernt. – Herr Brösebein machte nun ein noch säuerlicheres Gesicht. Gülcen dachte, gleich kommen die ganzen Zitronen wieder raus. Aber dann entspannte sich sein Gesicht und er sagte: »Gute Idee. Und übrigens, deine Hausarbeit war 'ne glatte Eins.«

Okay. Das war seine Rache. Herr Brösebein war ja auch nicht auf seinen wuscheligen Kopf gefallen. Er hatte gemerkt, dass Gülcen ihn zu einer schlechteren Note provozieren wollte. So waren sie quitt. Gülcen war vielleicht etwas vorlaut gewesen (so nennen das die Erwachsenen jedenfalls, wenn Kinder recht haben), und Herr Brösebein hatte ihr gezeigt, dass er sie durchschaute.

Als Herr Brösebein danach über den Flur zum Lehrerzimmer ging, hatte Gülcen den Eindruck, dass er jetzt nicht mehr so schwer an seinem Bauch trug. Er wirkte irgendwie leichter. Als ob er einen großen Luftballon unter seinem Pullover hätte.

→ **Kennst du auch einen Herrn Brösebein, der immer Einser von dir erwartet?**

»Kann ich nicht einfach ein ganz normales Kind sein?«

Ja, diesen Stoßseufzer haben wir von vielen schlauen Füchsen gehört. Und gerade zu diesem Thema gibt es viele verschiedene Erlebnisse. Ein paar davon wollen wir hier erzählen.

Mircos Mutter kam zufrieden vom Elternsprechtag zurück. Wer weiß, was sie und die Lehrerin da besprochen hatten. Jedenfalls begann für Mirco kurz danach eine Leidenszeit, die schließlich dazu führte, dass Mirco ein paar Monate später auf eine andere Schule wechselte.

Es fing damit an, dass Frau Siebrecht, so hieß Mircos Klassenlehrerin, am Ende der Mathe-Stunde, als sie Arbeitsblätter für die Hausaufgaben austeilte, ohne jede Vorwarnung zu Mirco sagte: »Mirco, dir gebe ich gleich ein anderes Arbeitsblatt.« Laut und deutlich sagte sie das. Alle konnten es hören. Mirco war erschrocken. Und seine Nebensitzer, die beide seine Freunde waren, auch. Hatte er etwas ausgefressen? Musste er etwas nacharbeiten? Es hörte sich auf jeden Fall ungemütlich an. Aber es kam noch schlimmer: Nachdem sie allen, außer Mirco, die Arbeitsblätter ausgeteilt hatte, kehrte sie zu Mircos Platz zurück. Sie baute sich dort so mächtig auf, dass alle spürten, gleich geschieht etwas enorm Wichtiges, und man sollte jetzt möglichst nicht mit dem Nachbarn reden oder sonstwie »Unruhe verbreiten«, wie Frau Siebrecht das immer nannte. Es war auch sogleich so still in der Klasse, dass man hätte eine Fliege niesen hören.

»Mirco wird in Zukunft öfter besondere Aufgaben bekommen«, sagte sie zur Klasse gewandt. Dabei lächelte sie mit einer seltsamen Mischung aus Freundlichkeit und Strenge. »Was ist bloß los?«, fragte sich Mirco bang und die anderen fragten sich das sicher auch. Mirco hatte das Gefühl, dass sich ein Unheil über ihm zusammenbraute. »Mirco ist nämlich hochbegabt!«, donnerte sie nach. – Oh Gott, das war es also. In Mircos Ohren pochte es heftig. Er fürchtete, gleich würde ihm schwindelig. Er spürte, wie seine Hände feucht wurden. Er hörte gar nicht mehr, was Frau Siebrecht noch weiter sagte. Außer dass sie mindestens noch fünf Mal das Wort »hochbegabt« in die Klasse trompetete.

Zwischendurch blitzte die Hoffnung in ihm auf, dass die anderen das einfach nicht hören würden. Denn sie hörten ja oft Frau Siebrecht nicht wirklich zu. Aber gleichzeitig war ihm klar, dass er diesen Traum nicht zu träumen brauchte.

In der Klasse war es jetzt, soweit das noch möglich war, noch stiller geworden. Jetzt hätte man auch noch das Baby der Fliege niesen hören können. Mircos Herz schlug so heftig, dass er seinen eigenen Herzschlag hören konnte. Wie um sich irgendwo festhalten zu können, fing er an, die Herzschläge zu zählen. Er war schon bei 762 angekommen, als ihm klar wurde, dass Frau Siebrecht schon längst aufgehört hatte zu reden. Und dass es trotzdem immer noch still war in der Klasse. Das verhieß nichts Gutes. Gleich beginnt die große Pause. Er fühlte sich, als müsste er gleich durch einen riesengroßen Ozean schwimmen, allein, ohne Insel in Sicht.

An diesem Tag fing es an, dass ihn einige wie Luft behandelten. Andere machten hinter seinem Rücken hämische Bemerkungen – »Der ist wohl was Besseres«, »Da kommt Frau Siebrechts Liebling« –, aber so laut, dass er es hören sollte.

Zwar erlebte Mirco in den nächsten Wochen, dass doch einige Kinder zu ihm hielten. Aber selbst bei seinen beiden Freunden wirkte das etwas mitleidig auf ihn. Und die gemeinen Sprüche der anderen setzten ihm doch sehr zu. Und eines Nachmittags saß er wie gelähmt vor seinen Hausaufgaben. Er musste mit den Tränen kämpfen. Er gehe nicht mehr in die Schule, sagte er zu seiner Mutter. Und dann tat er eben diesen Stoßseufzer: »Ich möchte einfach ein ganz normales Kind sein!«

Nun, Mirco ging es wieder gut, als er in eine andere Schule kam. Der neue Lehrer dort wusste schon, dass Mirco ein schlauer Fuchs war. Aber er machte nicht so ein Getrommel deswegen.

Ja, Frau Siebrecht hatte es sicherlich gut gemeint. Vielleicht wollte sie, dass die anderen Schüler das akzeptierten, dass Mirco Extra-Aufgaben bekam. Aber sie hatte es sehr ungeschickt angepackt. Das war ’ne glatte Sechs, Frau Siebrecht. Setzen.

Mircos Geschichte ist aber nicht vollständig, wenn wir nicht auch eine andere Seite derselben Geschichte anschauen: Insgeheim hatte sich Mirco, wie viele schlauen Füchse, schon öfter gefragt, ob irgendetwas an ihm vielleicht nicht ganz normal sei. Schon im Kindergarten hatte er das komisch gefunden, dass die anderen von den Buchstaben und Zahlen nicht genauso elektrisiert waren wie er. Und als er in die Schule kam und die anderen Kinder Monate brauchten, bis sie einigermaßen lesen und schreiben konnten, brauchte er sehr viel Geduld.

Auch war ihm schon öfter aufgefallen, dass selbst seine besten Freunde nie etwas dazu sagten, wenn er von seiner Mineraliensammlung zu erzählen anfing. Mirco hatte sich auf Achate spezialisiert, von denen er viele in ganz dünnen Scheiben besaß. Damit konnte er spannende Licht- und Farbexperimente machen. Aber Lars und auch Belus, der eigentlich sein allerbester Freund war, verstummten immer, wenn Mirco davon anfing. Er hatte es dann irgendwann aufgegeben. Es gab ja noch viele andere Dinge, über die er mit Lars und Belus gut reden konnte.

Auch dies ging ihm an diesem Nachmittag durch den Kopf, als er jenen Stoßseufzer getan hatte. Irgendwie hatte er eben schon öfter das Gefühl gehabt, nicht normal zu sein. Hatte schon öfter an sich gezweifelt und sich gefragt, was mit ihm nicht stimmte.

Als wir in unserer Buchwerkstatt über diese Sehnsucht der schlauen Füchse sprachen, doch einfach ganz normal sein zu wollen, sagte einer: »Jeder ist doch zunächst einmal für sich selbst normal.« Und ein anderer sagte, etwas grummelig: »Die anderen sind auch nicht normal.« Da mussten wir alle lachen.

Ja, so kompliziert ist dieses Thema, dass beides stimmt. Wir waren uns auf jeden Fall einig, dass auch schlaue Füchse und Füchsinnen zunächst einmal ganz normale Kinder sind: Sie spielen auch gerne Fußball. Sie lesen auch gerne die Krimis von »Die drei Fragezeichen«. Wie andere Kinder auch. Und wenn sie sich nicht mit anderen Kindern vergleichen würden und – das vor allem – wenn Erwachsene sie nicht dauernd mit anderen Kindern vergleichen würden, würden sie sich selbst ganz normal finden. So wie es für Mirco selbst gar nichts Besonderes war, dass er schon vor der Schule lesen und schreiben konnte. Er hatte ja nie gedacht: »Oh, was bin ich für ein ungewöhnliches Kind, dass ich mit fünf Jahren schon lesen und schreiben kann.« Nur, dass er halt manchmal enttäuscht war, dass die anderen Kinder nichts damit anfangen konnten, wenn er mit ihnen Schreibspiele machen wollte. So waren Geheimschriften sein Hobby: Zum Beispiel jedes »a« durch ein »i« zu ersetzen und umgekehrt: »Im Ibend bidete ach«, schrieb er etwa. (Seine Erzieherin, die mal so einen Zettel von ihm fand, meinte damals zu Mircos Mutter, dass sie es ganz putzig fände, dass Mirco schon Schreibversuche mache. Und das mit der Rechtschreibung hätte ja schließlich noch Zeit.)

Ja, jeder ist für sich selbst normal, wie gesagt wurde. Für Tara war es ganz normal, ihre Lebensgeschichte aufzuschreiben. Sie war gerade acht geworden als sie fand, es sei jetzt an der Zeit, einmal aufzuschreiben, was sie schon alles in diesen acht Jahren erlebt hatte. Schließlich hatte sie ja schon einige Lebensgeschichten gelesen von Entdeckern und Erfindern und Erfinderinnen. Es waren wieder einmal die Erwachsenen, die ein großes Ding daraus machten. Taras Lebensgeschichte wurde in der ganzen Verwandtschaft herumgereicht und dann auch noch der Lehrerin vorgelegt. Aber da reichte es Tara. Sie schloss ihre Aufzeichnungen in ihrer Geheimkiste ein und verbot ihren Eltern, noch mit irgendjemandem darüber zu reden. Trotzdem fragte sie sich, was denn so besonderes daran war, wenn man seine Lebensgeschichte aufschreibt.

Alle Menschen sind zunächst einmal normal. Aber die Menschen sind nicht gleich. Das wäre ja auch ziemlich seltsam. Die Menschen, die wir kennenlernen, sind ja gerade deswegen so interessant, weil sie verschieden sind – auch ein bisschen verschieden von uns. Wenn sie nicht verschieden wären, hätten alle genau die gleichen Hobbies, genau die gleichen Spielsachen; alle würden genau die gleichen Bücher lesen und genau die gleiche Marmelade mögen. Es gäbe dann nur eine Sorte von Marmelade auf der Welt. Weil die Marmeladenhersteller schließlich nur die Marmelade herstellen wollen, die auch gekauft wird. – Jörg hat einen Elektrobaukasten zu Hause. Mit dem kann er spannende Experimente machen. Er kann zum Beispiel eine kleine Glühbirne zum Leuchten bringen, indem er sie über einen Draht mit einem Apfel verbindet. Sein Freund Laurenz dagegen hat ein Fernrohr. Mit dem kann er nachts am Himmel Sterne beobachten. Deshalb kommt Laurenz gerne zu Jörg und Jörg übernachtet deshalb gerne bei Laurenz.

Also, mit anderen Worten, es ist normal, dass die Menschen verschieden sind. Sie sind normal, weil sie einerseits Vieles gemeinsam haben, aber gleichzeitig auch in manchen Dingen verschieden sind. Fred zum Beispiel ist ein ganz normaler Junge. Er macht genauso ungern die Hausaufgaben wie seine Mitschüler. Auch er spielt lieber Computerspiele. Wie andere auch. Aber er ist von ihnen verschieden, insofern er Fußball nicht leiden kann. Fred findet Fußballspielen einfach dämlich. Seine Freunde wissen das, finden das auch etwas komisch. Aber da sie mit Fred sonst alles teilen können, finden sie ihn trotzdem »normal«. Er hat da eben eine Besonderheit. Er wäre ja auch nicht der Fred, der er ist, wenn er zu allem Normalen hinzu nicht auch diese Besonderheit hätte, dass er Fußball doof findet. Ja, seine Freunde mögen ihn sogar auch wegen dieser Besonderheit. So wie wir zum Beispiel Menschen aus einem anderen Land interessant finden und mögen können, gerade weil sie in manchen Dingen verschieden sind von uns selbst. Sie kleiden oder schminken sich anders, wie das zum Beispiel die indischen Frauen machen, die sich so einen roten Punkt auf die Stirn malen. Joels Nachbarn kommen aus Indien. Der Junge der Familie heißt Jarandra. Er ist ein begeisterter Fahrradfahrer und -tüftler. Er fährt sogar bei Rennen mit. Joel geht gerne rüber zu Jarandra. Er wird dann von Jarandras Eltern manchmal eingeladen, zum Abendessen zu bleiben. Joel findet es spannend, mal etwas ganz anderes zu essen (allerdings sind bei fast allen Gerichten Rosinen dabei und Joel mag keine Rosinen). Also, man könnte sagen, Jarandra ist doch ganz normal. Er ist ein sportlicher, fahrradbegeisterter Junge. Andererseits ist er verschieden, weil er eben aus Indien kommt und weil er ständig Gerichte essen muss, wo Rosinen drin sind. Für ihn wiederum scheint das normal.

Wir finden, Frau Siebrecht hätte es damals geschickter machen können: Anstatt Mirco so hinzustellen, als sei er ein Alien, nur weil er eben in Mathe gut war (»hochbegabt« sagen die Erwachsenen), hätte sie erst mal allen Kindern klarmachen können, wie verschieden – und doch normal – *jedes* Kind der Klasse ist. Murat kennt alle Rennwagen. Er hat eine riesige Sammlung von Spielkarten zu Hause mit Rennwagen aus der ganzen Welt. Das ist *seine* Besonderheit. Ansonsten ist er ein türkischer Junge eben. Das ist ganz normal. – Cora, die während des Unterrichts ziemlich viel herumhampelt – was irgendwie auch normal ist –, kann in der Sportstunde minutenlang auf dem Balken auf den Händen balancieren, Kopf nach unten. Und das tut sie mit einer Ruhe und Gelassenheit und Selbstbeherrschung, als wäre es das Selbstverständlichste der Welt. Für sie ist das ganz normal. Für die anderen ist das eine Besonderheit. – Albrecht ist erst vor sechs Monaten aus Kasachstan mit seinen Eltern hierher gezogen. Er hat im Affenzahn Deutsch gelernt und jetzt ist er bei den Pfadfindern. Wie ein paar andere Kinder aus der Klasse auch. Ein ganz normaler Junge also. Nur eben aus Kasachstan. Das ist seine Besonderheit. Hier. In Kasachstan wäre es ganz normal, aus Kasachstan zu stammen. – Und so weiter. – Und Mircos Besonderheit, so hätte Frau Siebrecht schließlich sagen können, ist eben, dass er in Mathe gut ist und dass er deshalb ein paar Zusatzaufgaben bekommt. Ansonsten sei er ja auch bei den Pfadfindern wie Albrecht zum Beispiel.

Wenn Frau Siebrecht das so oder ähnlich den Kindern erklärt hätte, hätte Mirco sich nicht als Außenseiter fühlen müssen und die anderen hätten ihn auch nicht als Außenseiter gesehen. Wie alle anderen auch wäre er sowohl normal wie verschieden gewesen. Und das ist normal.

→ Puh, das war nun ein schwieriges Thema. Und auch nicht sehr amüsant. Aber vielleicht hast du doch mal Lust aufzuschreiben, was zum Beispiel bei deinen Freunden verschieden ist von dir. Und worin ihr euch ähnlich seid. Wollen wir wetten, dass du mehr Gemeinsamkeiten als Verschiedenheiten findest?

Emily, Kurti und die Ungerechtigkeiten dieser Welt

Das war ein schwarzer Tag. Wütend warf Emily ihren Schultornister quer über den Flur. Sie war den Tränen nahe.

»Was ist passiert?«, fragte Elsi, ihre große Schwester.

»Ich glaub, ich geh zur Polizei oder zu unserem Schulleiter, Herrn Goder.« Emily zitterte geradezu vor Wut und Fassungslosigkeit. »Weißt du, was Herr Piel heute gemacht hat? Er hat Jörg vor die Tür geschickt, bloß weil der mir etwas erklärt hat. Corry, meine Nebensitzerin, hat so laut mit dem Stuhl gequietscht, dass ich nicht verstand, was Herr Piel gerade sagte. Deshalb habe ich Jörg gefragt, der auf meiner anderen Seite sitzt. Der hat mir nur kurz geantwortet. Aber Herr Piel brüllte herum, dass er es jetzt leid sei. Jörg musste sofort aus dem Klassenzimmer. So eine Schweinerei. Das ist so ungerecht. Dass Corry immer mit ihrem Stuhl herumquietscht, stört Herrn Piel wohl nicht. Nur wenn Jörg *ein Mal* etwas sagt ... Außerdem hab *ich* ihn doch gefragt.«

Emily sprach so laut, dass Hugo, der Hund der Familie, die Ohren anlegte und sich bei Elsi zwischen ihre Füße drückte.

»So eine Ungerechtigkeit«, schimpfte Emily weiter. Ihre Schwester kam gar nicht dazwischen, etwas zu fragen oder zu sagen.

»Aber ich weiß, warum Jörg wirklich raus musste. Nämlich gestern hat er Herrn Piel auf einen Fleck an seinem Hosenbein aufmerksam gemacht. Alle tuschelten darüber. Nur Jörg hatte den Mut.«

Den ganzen Nachmittag war mit Emily nichts mehr anzufangen. Sie verbrachte den Rest des Tages damit, sich eine Protestaktion auszudenken: Sie würde, wenn Herr Piel gerade etwas erklärt, mit ihren Nebensitzern reden. Und zwar laut und ständig. »Mal sehen, was passiert«, dachte sie grimmig. Sie wusste nämlich, dass Herr Piel gerade ihr vieles nachsehen würde, weil sie immer gut mitmachte.

Gedacht, getan. Als am nächsten Morgen Herr Piel gerade über Nomen, Adjektiv und Tätigkeitswort sprach, redete Emily laut und deutlich erst mit Corry links von und ihr und dann mit Jörg auf der rechten Seite.

Nichts passierte. Nur Jörg flüsterte irgendwann: »Sei doch mal stille.« Aber Emily wollte es jetzt wissen. Wenn Herr Piel gerecht war, musste er sie jetzt bald mal genauso vor die Tür schicken wie gestern Jörg. Aber nein. Als er endlich nach mindestens fünf Minuten zu Emily hinsah und milde lächelnd »Pst« sagte und dabei den Finger senkrecht vor die Lippen führte, platzte Emily der Kragen: »Wenn Sie gerecht wären, müssten Sie mich vor die Tür schicken. Wie gestern Jörg. Warum tun Sie's denn nicht?«

Herr Piel schaute verdutzt und wusste nicht, wie ihm geschah.

»Es liegt wohl daran, dass Sie sowieso etwas gegen Jörg haben.« Emily redete sich jetzt in Wut. Alle waren still. Gefahr lag in der Luft. Was hat sie bloß? Gleich passiert etwas.

Erst als Emily rief: »Sie können mich mal!«, gewann Herr Piel seine Fassung wieder. Er griff zum Klassenbuch und machte schweigend einen Eintrag.

Auweia. Jetzt war Emily zu weit gegangen. Herr Piel würdigte Emily während des ganzen Vormittags keines Blickes mehr. Emilys Herzklopfen könnt ihr euch vorstellen.

Am Nachmittag klingelte das Telefon. Herr Piel wollte Emilys Mutter sprechen. – Man weiß nicht, was die beiden besprochen haben. Jedenfalls war es am anderen Tag unvermutet lustig, als Emily und Herr Piel gleichzeitig sich voreinander entschuldigen wollten. »Da haben wir wohl beide einen Fehler gemacht«, sagte Herr Piel schließlich. »Ich hätte Jörg vorgestern nicht raus schicken dürfen und du hättest mich nicht so anschimpfen dürfen. Also sind wir quitt.«

Emily war natürlich froh, dass Herr Piel nicht mehr sauer war wegen gestern. Aber sie dachte noch den ganzen Vormittag darüber nach, ob sie wirklich »quitt« wären, wie Herr Piel gesagt hatte. War das jetzt gerecht? Ist ein Fehler, eine

Ungerechtigkeit des einen dadurch ausgeglichen, dass ein anderer auch einen Fehler macht? Schwieriges Thema. Emily fand jedenfalls den ganzen Tag keine klare Antwort. Und das, obwohl sie zu den schlauesten der schlauen Füchsinnen gehörte.

Also, was wir eigentlich erzählen wollen aus Anlass dieser kleinen Geschichte, ist dies, dass hochbegabte Kinder (und Erwachsene) oft geradezu allergisch sind, wenn sie eine Ungerechtigkeit feststellen. So wie ein Mensch mit einer, sagen wir, Nuss-Allergie sofort einen Hautausschlag bekommt, wenn er Nüsse isst, und sich dann stundenlang furchtbar kratzen muss, so bekommt so ein Kind einen »Seelenausschlag« (wir wollen dieses Wort übrigens zum Patent anmelden), wenn es eine Ungerechtigkeit beobachtet. Und oft fühlt es sich aufgerufen oder verpflichtet einzugreifen, damit die Ungerechtigkeit aufhört.

Dazu als Beispiel eine andere kleine Geschichte, in der es um Kurti geht, weil der auch so einen »Seelenausschlag« bekam. (Übrigens Kurti heißt eigentlich Konrad. Seinen Freunden ist das aber zu lang. Deshalb nennen sie ihn Kurti. Obwohl es nicht logisch ist. Denn »Kurti« spricht man genauso lang aus wie »Konrad«. Aber komischerweise klingt es eben kürzer.)

Kurti also hatte in den Nachrichten zufällig gehört, dass in Russland eine Reporterin plötzlich von der Polizei verhaftet wurde, weil sie in ihrer Zeitung über die Armut in Russland geschrieben hatte. Man hat sie gezwungen, irgendwelche Tabletten zu nehmen. Die haben sie so benommen gemacht, dass sie gar nichts mehr sagen und erst recht nichts mehr schreiben konnte. Kurti regte sich sehr auf. Die Nacht schlief er kaum. Erst als er beschloss, am nächsten Tag einen Brief an die russische Regierung zu schreiben, konnte er einschlafen.

Noch vor dem Frühstück setzte er sich an seinen Schreibtisch. Aus dem Internet holte er sich die Adresse des russischen Präsidenten und schrieb:

»Hallo, Herr russischer Präsident. Sehen Sie bitte mal in ihren Gefängnissen nach. Da sitzt eine Reporterin, bloß weil sie für die armen Leute eingetreten ist.
Würden Sie sie bitte befreien. Denn das ist ja ungerecht.

Freundliche Grüße
Konrad Kunert.«

Damit war Kurti fürs erste beruhigter. Am Nachmittag würde er den Brief wegschicken. Von seinem Taschengeld war noch genug Geld übrig für die Briefmarken.

Der Präsident scheint nie geantwortet zu haben.

Kurti machte das richtig traurig. Warum gab es solche Ungerechtigkeiten auf der Welt? Und warum tat niemand etwas dagegen?

Nun, was die Geschichte dieser Reporterin betrifft, so können wir Kurti insofern beruhigen, als tatsächlich viele Menschen, darunter auch echte Politiker, den russischen Präsidenten aufgefordert haben, für die Freilassung dieser Frau zu sorgen. Viele Menschen: Das scheint uns wichtig zu sein, dass man gemeinsam und zu mehreren etwas unternimmt.

Wir finden es sehr anständig und sehr richtig, dass Kinder wie Kurti – oder auch Emily – Ungerechtigkeiten sehen und dass sie helfen wollen, Gerechtigkeit herzustellen. Bloß: Wenn man sich alleine dafür für zuständig hält, bürdet man sich eine schwere Last auf. Es bringt meistens mehr und kostet auch nicht so viel Nerven, wenn man gemeinsam vorgeht. Wenn so ein Politiker wie der russische Präsident Hunderte solcher Briefe bekommt wie den von Kurti, wird er es sich zwei Mal überlegen, ob er so eine Ungerechtigkeit zulässt. Ihr wisst vielleicht, dass es für solche Ungerechtigkeiten wie die, unter der die Reporterin zu leiden hatte, eine weltweite Organisation gibt – »amnesty international«. Die kümmert sich um solche Gefangenen. Sie macht die Regierungen der Welt darauf aufmerksam, wenn irgendwo Menschen zu Unrecht eingesperrt werden. Und sie führt Protest-

kampagnen durch. Das sind Waschkörbe voll mit solchen Briefen wie der von Kurti.

Aber auch die alltäglichen »kleinen« Ungerechtigkeiten (aber eigentlich kann eine Ungerechtigkeit gar nicht klein sein) lassen sich am besten bekämpfen, wenn man gemeinsam vorgeht, mit anderen darüber spricht, gemeinsam handelt.

Emily zum Beispiel hätte, anstatt Herrn Piel anzuraunzen, sich mit Jörg und noch ein paar anderen Kindern besprechen können. Und dann hätten sie gemeinsam sich an Herrn Piel wenden und die Sache wahrscheinlich klären können. Den Mut dazu hätte sie gehabt, so wie wir Emily kennen. Nur, sie hat nicht daran gedacht, weil sie so aufgebracht war.

Kurtis Frage »Warum gibt es solche Ungerechtigkeiten auf der Welt?« bleibt hier unbeantwortet. Wir wissen keine klare Antwort darauf. Es hängt wohl damit zusammen, dass wir Menschen nicht vollkommen sind. Wir müssen es erst noch lernen, immer gerecht zu sein.

→ **Bestimmt hast du auch schon Ungerechtigkeiten beobachtet oder schon mal selbst welche erlebt?**
Wir wetten, du kannst mindestens drei Seiten dazu aufschreiben.

Wie kann man eigentlich heißes Wasser einfrieren?

Oder: Was passieren kann, wenn man diese Frage ernst nimmt

Eigentlich wollten wir hier eine nette, vielleicht sogar amüsante Schmunzel-Geschichte erzählen von Bertram, dem Fragenfinder. Bertram beschäftigte sich gern mit ungewöhnlichen Fragen wie eben diesen: Wie kann man heißes Wasser einfrieren? Oder: Wie könnte man die Sandkörner am Strand von Texel zählen? – mit Fragen also, die für andere Kinder nicht so spannend sind.

Aber da taucht schon das Problem auf. Und deshalb wird dies leider kein amüsantes Kapitel werden. Im Gegenteil, wir müssen uns hier mit etwas sehr Schlimmem beschäftigen, etwas, das vielleicht noch schlimmer ist, als geärgert oder drangsaliert oder »Streber« genannt zu werden: Bertram wurde *ausgegrenzt*. Und das ist ein Thema, zu dem man keine Späßchen machen kann. Es ist ein unangenehmes, sogar trauriges Thema. Wer also heute nicht so gut drauf ist, sollte vielleicht erst mal gar nicht weiterlesen.

Ausgrenzung also heißt das Thema. Die – Gott sei Dank wenigen – Kinder, die uns von so etwas erzählt haben, fanden es noch schlimmer, ausgegrenzt zu werden, als beschimpft zu werden, weil man immer eine Eins schreibt, oder verspottet zu werden, weil man gerade mal keine Eins geschrieben hat.

Mit Ausgrenzung ist Folgendes gemeint: Sarah wird auf dem Schulhof wie Luft behandelt. Keiner redet mit ihr. Keiner fragt: »Spielst du mit?« Keiner beachtet sie. Als wäre sie gar nicht da. Solveig wird zu keinem Geburtstag eingeladen. Niemand sagt ihr Bescheid, wenn die Mädchen sich für den Nachmittag am Ponyhof verabreden. Georg ist auf dem Weg zur Schule und auf dem Weg nach Hause immer alleine. Die anderen Jungs, die eigentlich in seiner Nähe wohnen, gehen durch andere Straßen oder auch einfach auf der anderen Straßenseite. Hannah wird niemals nachmittags besucht oder angerufen: »Kommst du mit?« Und Bertram, ja, Bertram musste eben erleben, dass man ihn nicht mal begrüßte, wenn er morgens auf den Schulhof kam, und dass ihn nach dem Unterricht niemand mit dem Gegeneinander-Schlagen der offenen Handfläche verabschiedete, wie es richtige Kumpels tun.

Hannah, Georg, Sarah und Solveig wären am liebsten gar nicht mehr zur Schule gegangen. Und bei Bertram kam es so schlimm, dass er Bauchschmerzen und Kopfschmerzen bekam, schließlich fast jede Nacht auch noch Alpträume, in denen er in einer Wüste ausgesetzt war und rief und rief und ihn keiner hörte, so dass ihn seine Eltern zum Arzt bringen mussten.

Was ist da los? Warum müssen manche schlauen Füchse so etwas erleben? Und was können sie da machen?

Wenn wir nachfragen, wie es zum Beispiel bei Bertram dazu gekommen ist, dann stellt man fest, der hat nichts Schlimmes gemacht, er hat sich nicht daneben benommen, der hat keinem etwas zuleide getan. Er hat nur aus seiner eigenen Begeisterung heraus für ungewöhnliche Fragen einigen Mitschülern von seinen Nachforschungen erzählt. Er wollte einfach sein Interesse für knifflige Fragen mit ihnen teilen. So wie andere Kinder miteinander das letzte Fußball-Spiel der Bundesliga gemeinsam kommentieren oder sich über die Vorzüge der verschiedenen Mountain-Bikes austauschen.

Bertram war auf die Frage, wie man wohl heißes Wasser einfrieren könnte, gestoßen, als seine Mutter Vorbereitungen für eine lange Autofahrt traf. Sie holte die Kühlbox aus dem Keller, kaufte Knackwürstchen, kochte einige Eier hart, schnitt Käsewürfel und Obst und verstaute alles in der Kühlbox, damit die Familie unterwegs Rast machen und sich stärken konnte. Nur: Was mit Vaters Lieblingsgetränk machen, heißem Kaffee mit etwas Zimt? In der Thermoskanne bleibt das Wasser nicht lange heiß. Da hatte Bertram eben die Idee, man müsste das heiße Wasser einfrieren und dann auch in die Kühlbox tun können. Aber dann war es ja kalt. Er fragte seinen Onkel.

»Das ist ein viereckiger Kreis, mein Junge. Entweder das Wasser ist heiß oder es ist kalt. Beides gleichzeitig geht nicht. Schlag dir das aus dem Kopf.«

So ziemlich jedes andere Kind hätte jetzt gedacht: »Na gut, dann eben nicht.« Aber nicht so Bertram. Zunächst einmal fand er schnell heraus, dass das Viereckige und der Kreis gar kein Widerspruch waren. Wenn man nämlich sehr, sehr viele Vierecke, also Quadrate, aufeinander legt und jedes gegenüber dem darunter liegenden etwas dreht, dann entsteht mit der Zeit um die Quadrate herum ein Kreis! Je mehr Quadrate, umso kreisiger wurde der Kreis.

Bertram probierte das aus und zeigte es auch seinem Onkel. Er schnitt vierzig gleiche Quadrate aus, legte sie aufeinander und stieß eine Nadel genau in die Mitte des Quadrathaufens. Wenn man die Quadrate jetzt schnell um die Nadel herum wirbeln ließ, konnte man einen Kreis sehen.

Dem Onkel fiel nichts dazu ein. Egal. Wenn es also mit den Quadraten geht, sagte sich Bertram, muss es auch mit dem heißen Wasser gehen. Er kam auf die Idee, dass man das heiße Wasser schnell zusammenpressen musste, unter Druck halten musste, um dann, wenn man es braucht, den Druck schnell wieder wegzunehmen. Er probierte es mit einer Luftpumpe. Er verklebte zuerst das Ventil mit Sekundenkleber, dann goss er heißes Wasser am Rand des Kolbens entlang in die Luftpumpe, presste sodann schnell den Kolben in das Rohr. Danach zog er ebenso schnell den Kolben wieder heraus. Tatsächlich, das Wasser war wieder heiß.

Noch Wochen nach der Autofahrt experimentierte Bertram damit. Und er erzählte eben einigen Leuten aus der Klasse davon. Aber da ging es schon los. Keiner sagte etwas dazu. Keiner fragte etwas. Sie schwiegen, als hätte Bertram etwas Peinliches gesagt oder getan. Sie sahen ihn nicht mal an, sondern blickten auf den Boden. Sie reagierten einfach nicht. Bertram verstand das nicht. Hatte er das Problem, das ihn da beschäftigte, nicht genau genug erklärt?

Erst nach einer sehr langen Weile, sagte einer der Jungs: »Mein Vater holt sich den heißen Kaffee immer von der Autobahnraststätte.« Das aber mit einem Ton, als würde er sagen: »Wir jedenfalls haben keinen Schuss.«

Zwei Wochen später schrieb Bertram für die Schulzeitung einen Bericht über seine Experimente zu der Heißwasser-Frage. Und was passierte? Nichts! Die Schulzeitung erschien vor den Herbstferien. Sein Bericht war nicht drin! Er fragte den Lehrer, der die Beiträge für die Schulzeitung immer zusammenstellte, und bekam zur Antwort: »Dein Aufsatz war zu kompliziert. Den hätte keiner verstanden.«

Na, toll. Schrieb er denn chinesisch? Bertram hatte das Gefühl, er sei der einzige Mensch auf der Welt, der sich für die Frage interessierte, ob man heißes Wasser einfrieren könne. Da könnte er recht haben. Aber das ist ja kein Grund, ihm nicht zuzuhören und ihn wie Luft zu behandeln.

Es ist unentschuldbar, dass solche Kinder wie Bertram ausgegrenzt werden. Trotzdem kann man es sich erklären.
Sie haben Interessen und Fragen, die die allermeisten Kinder ihres Alters eben nicht haben. Und wenn sie, solche schlauen Füchse wie Bertram, sich dann für die unter Kindern üblichen Interessen auch nicht erwärmen können – Bertram zum Beispiel interessierte sich für PC-Spiele kein bisschen –, dann denken die anderen Kinder: »Der kommt von einem anderen Stern.« Sie finden es vielleicht sogar ungemütlich, »komisch«, sagen sie oft, dass da einer aus ihrer Klasse sich mit so abgefahrenen Dingen beschäftigt.
Wie gesagt, es ist unentschuldbar. Dennoch bekommen wir einen Hinweis darauf, wie ein betroffenes Kind mit der Ausgrenzung umgehen könnte, wenn wir mal versuchen, uns in die anderen Kinder hineinzuversetzen. Denn genauso wie Bertram sich über seine Interessen austauschen möchte,

sie am liebsten mit anderen teilen möchte, genauso wollen auch andere Kinder ihre Interessen – Fußball, Pferde, PC-Spiele – miteinander teilen. Wenn also einer wie Bertram *darüber* nie mit ihnen spricht, sondern nur über seine aus deren Sicht abgedrehten Interessen, dann denken die anderen schnell: »Der ist wohl was Besseres«, oder »Der will sich bei den Erwachsenen einschmeicheln« oder so was.

Also müsste man Bertram raten, den anderen Kindern zu zeigen, dass er sich für ihre Lieblingsthemen und -beschäftigungen auch einmal interessieren kann, einfach weil es ihre Lieblingsthemen sind. Er müsste sie dazu fragen; er müsste zeigen, dass er sie mit ihren Lieblingsthemen mag.

Im Fall von Bertram wäre der Rat allerdings überflüssig gewesen. Nachdem er beim Arzt wegen seinen täglichen Kopfschmerzen gewesen war, sprach er lange mit seiner Mutter über seine Ausgrenzungserlebnisse. Er erzählte ihr, wie sehr ihn das bedrückte. Das war eine gute Idee, dass er das erzählte. Denn Ausgrenzung ist auch wieder so ein Problem, das ein Kind, auch wenn es noch so schlau ist, unmöglich allein lösen kann. So etwas muss unbedingt mit Erwachsenen, denen man vertrauen kann, besprochen werden, und die müssen helfen.

Bertrams Mutter schlug ihrem Fragenfinder also vor, den anderen Kindern zu zeigen, dass er an ganz normalen Spielen Spaß haben konnte, obwohl er sich manchmal mit scheinbar außerirdischen Fragen beschäftigte.

Sein Geburtstag stand an. »Du könntest doch mal einige Leute aus deiner Klasse einladen«, schlug sie vor.

»Die kommen nicht«, sagte Bertram betrübt. Er selbst wurde ja, wie Solveig auch, nie zu deren Geburtstagen eingeladen.

»Aber ... wir können es ja mal probieren. Ich schreib Einladungen in der Geheimschrift, die ich letzte Woche erfunden habe ...«

»Und wie, bitteschön, sollen die Kinder dann wissen, dass es sich um eine Einladung handelt, wenn es in Geheimschrift geschrieben ist?«

»Na, sie müssen halt die Geheimschrift entschlüsseln.«

»Lass mich mal lieber machen«, sagte die Mutter.

Bertram wollte sich nun ein paar knifflige Spiele ausdenken für das Fest.

»Eben nicht.« Die Mutter riet ihm ab. »Ihr könnt doch einfach im Gartenhäuschen picknicken. Ihr könnt auf dem Dachboden eine Schatzsuche machen. Und ihr könnt mit den alten Brettern aus der Garage ein Piratenschiff bauen. Und ich schreibe alles auf die Einladung, damit die Kinder auch Lust haben zu kommen.«

Gesagt, getan. Auf dem nächsten Elternabend gab sie die Einladungen an Mütter, deren Kinder Bertram gerne dabei haben wollte. So klappte es. Fast alle eingeladenen Kinder sind gekommen. Sie hatten alle, wie Bertram selbst auch, einen Riesenspaß und erzählten sogar am nächsten Tag den anderen Kindern davon, was man für tolle Sachen bei Bertram zu Hause machen kann. Das ist also schon mal gutgegangen.

Hannah versuchte auf eine andere Art, aus der Ausgrenzung herauszukommen, nachdem auch sie mit ihrer Mutter darüber gesprochen hatte. Hannah guckte sich bestimmte Kinder als Brücke zu den anderen aus. Wenn auf dem Schulhof eine Clique von sechs Mädchen zusammenstand und Neuigkeiten vom Ponyhof austauschte, schaute sie erst mal, welche von den Sechsen ihr gegenüber noch am aufgeschlossensten war. Das war in diesem Fall Minchen. Minchen saß neben Hannah und lieh ihr auch schon mal ihr Lineal. Also fing Hannah gleich, wenn die Stunde zuende war, ein Gespräch mit Minchen an, so dass sie mit ihr zusammen auf den Schulhof gehen und sich über Minchen als »Brücke« zu den anderen Mädchen dazustellen konnte. Erst wurde sie hier auch nicht beachtet. Aber Hannah überwand sich, auch mal etwas zu erzählen oder zu fragen. So war sie bald »drin« wie die anderen auch.

Naja, nicht jeder hat den Mut, so vorzugehen. Aber einzelne anzusprechen, ihnen zeigen, dass man sich für sie interessiert, das geht auf jeden Fall. Und so hat man dann vielleicht mit der Zeit doch ein paar »Brücken« zu den Cliquen.

Georg wiederum hatte eigentlich sowieso kein Bedürfnis, immer gleich mit vielen Kindern zusammenzusein. Er hätte aber gerne mehr einzelne Freunde gehabt. Bei ihm ist das in der Klasse jedoch nicht gelungen, so dass er da meist sehr für sich war. Er konnte das aber ganz gut hinnehmen, weil er anderswo wirklich gleichgesinnte Freunde gefunden hatte, die sogar sein Lieblingsinteresse mit ihm teilten: fremde Sprachen. Seine Eltern meldeten ihn in einem Institut an, das eigens für schlaue Füchse und Füchsinnen Sprachkurse anbietet. So lernte Georg dort japanisch.

In dieser Gruppe fühlte sich Georg sehr wohl. Alle Kinder waren freiwillig hier. Weil sie eben gerne Sprachen lernten. Einige, wie Georg selbst auch, wollten vor allem Sprachen lernen, zu denen eine besondere Schrift gehört, wie Tibetisch zum Beispiel.

Georg ist dann noch Mitglied geworden bei »Mensa-Kids«. Das ist die Jugendgruppe von »Mensa«, einer Vereinigung von erwachsenen schlauen Füchsen. Über Mensa-Kids lernte Georg noch mehr Freunde kennen, vor allem, nachdem er mit zum Sommercamp von Mensa-Kids nach Schweden gefahren war. Also für Georg lief die Sache insofern super. Allerdings ist bei ihm die Frage der Ausgrenzung in der Klasse nicht wirklich gelöst. Aber sie verunsichert ihn nicht mehr.

Machen wir uns klar, dass nicht nur einige hochbegabte Kinder Ausgrenzung erleben müssen. Auch andere Menschen, auch Erwachsene, erleben manchmal Ausgrenzung. Das ist sicherlich kein Trost für Kinder wie Georg, Bertram, Hannah oder Solveig. Aber es bedeutet, dass Gedankenlosigkeit und Rücksichtslosigkeit und vor allem eine gewisse Angst vor dem Ungewöhnlichen beim menschlichen Leben und Zusammenleben auf der ganzen Welt als lästige Begleiterscheinung dabei sind wie Fußschweiß und Blähungen. Besser wäre ohne. Aber ohne scheint es nicht zu gehen. Es gibt Menschen, Erwachsene, die sind so dumm, dunkelhäutige Menschen auszugrenzen. Bloß weil sie eben eine andere Hautfarbe haben. Oder es werden Menschen ausgegrenzt, bloß weil sie aus einem anderen Land kommen. Oder weil sie arm sind. Oder reich. Oder weil sie Christen sind (in einem islamischen oder kommunistischen Land zum Beispiel) oder weil sie keine Christen sind (in Europa zum Beispiel).

Solche Dummheit scheint unausrottbar wie Unkraut. Aber zum Glück gibt es auch die anderen Menschen, die es interessant finden, wenn jemand ein bisschen anders ist, und die sich sogar gerne mit Menschen anfreunden, die eine andere Hautfarbe haben, einer anderen Religion angehören, oder die seltene Probleme lösen wollen wie Bertram. Zum Glück wachsen immer noch jede Menge Blumen zwischen dem Unkraut.

Wir wissen nicht, was aus Bertrams Experimenten zur Frage, wie man heißes Wasser einfrieren könnte, geworden ist. Ob er die Frage hat lösen können. Wir haben aber gehört, dass es ihm seit dem Geburtstag sehr viel besser geht. Geschickterweise hat übrigens seine Lehrerin mit der Klasse einige Spiele gemacht, bei denen jedes Kind einmal erleben konnte, was es heißt, ausgegrenzt zu sein, was es heißt, Angst zu haben, nicht in einen Kreis hineinzukommen, wie es sich anfühlt, wenn man aus einem Kreis hinaus geschoben wird, und so weiter. Im Sportunterricht hat sie das gemacht.

Ferner hat Bertram gelernt einzuschätzen, welchen Freunden er von seinen ungewöhnlichen Fragen erzählen kann und welchen besser nicht.
Gut, dass es beide Sorten gibt.

→ Hast du noch Ideen, wie man damit umgehen kann, falls man mal ausgegrenzt wird? Wir wären dir sehr dankbar, wenn du uns davon wissen lassen würdest.

»Sei nicht immer so ungeduldig!«

Ein Mann, der im fünften Stock eines Mietshauses wohnt, findet in seinen Blumentöpfen auf seinem Balkon eine Schnecke. Mit einer kleinen Handschaufel hebt er sie heraus und wirft sie hinunter auf die Grünfläche vor dem Haus. Zwei Jahre später klingelt es bei ihm. Als er öffnet, sitzt die Schnecke mit drohend emporgehobenem und zornrotem Kopf vor seiner Wohnungstür und faucht ihn an: »Was sollte denn das gerade?«

Tja, wenn schlaue Füchse schlecht drauf sind, weil sie mal wieder Ewigkeiten warten müssen, bis die Normalos etwas kapiert haben, nennen sie diese »Schnecken«. Das ist nicht so nett. Aber verstehen kann man es. Die schlauen Füchse können ja nichts dafür, dass sie oft sofort den Überblick haben, worum es geht. Und die Normalos wundern sich dann und sagen: »Wie kannst du nur so schnell …?« Aber für die schlauen Füchse ist das eben das Normale.

Oliver und seine Familie sind auf einer Wanderung in den österreichischen Bergen. Der Vater studiert an Wegkreuzen immer wieder die Wanderkarte und vergewissert sich, dass man auf dem richtigen Weg ist. Oliver hat vor der Wanderung einen Blick in die Wanderkarte geworfen. Sein Vater hat ihm darauf den Bergsee gezeigt, der das Ziel ihrer Wanderung sein soll. An jeder Wegkreuzung sagt Oliver gleich, in welche Richtung es weitergeht. Sein Vater aber entfaltet umständlich die Karte, versucht sich zu orientieren, wo man sich gerade jetzt befindet, diskutiert mit der Mutter darüber. Erst ist Oliver entnervt über diese Umständlichkeit. Sie ist doch überflüssig. Im Lauf der Wanderung kränkt es ihn aber immer mehr, dass seine Eltern ihm das nicht abnehmen, dass er immer sofort weiß, wie es weitergeht.

Was ihn am meisten ärgert, ist der unvermeidliche Satz seiner Mutter: »Sei doch nicht so ungeduldig.« Zu Hause hat Oliver oft Fragen, die seine Eltern nicht sofort beantworten können. Für Oliver sind diese Fragen immer sehr drängend. Ihre Beantwortung erscheint ihm unaufschiebbar. Warum? Weil er längst weiß, dass hinter jeder beantworteten Frage zehn neue Fragen sich verstecken, deren Beantwortung auch wieder keinen Aufschub duldet ... Verstehen die Erwachsenen denn nicht, wie spannend die Welt ist? Und wie wichtig – und wie schön – es ist, sie zu verstehen. Kennt denn keiner außer mir, fragt sich Oliver manchmal, das Glück, das darin besteht, die Welt zu enträtseln, sich einen Überblick zu verschaffen, Wissen und Kenntnisse zu erwerben und Zusammenhänge herstellen zu können, ja, zu müssen, zwischen scheinbar so weit auseinander liegenden Tatsachen wie einem Meteoriteneinschlag in der sibirischen Tundra vor zehntausend Jahren und den Ernährungsgewohnheiten der Eskimos in Alaska heute? Das muss einen doch interessieren.

Am wenigsten leiden kann es Oliver, wenn seine Mutter zu seiner Frage sagt: »Frag doch heute abend mal den Papa.« Heute abend! Bis dahin hat sich die Welt längst weitergedreht. »Heute abend« kann es zu spät sein für die Beantwortung seiner Frage. »Heute abend« hat er schon wieder 432 neue Fragen. Wenn Oliver dann seine Mutter bittet: »Ach, Mama, kann ich nicht eben in die Bibliothek, um in einem Lexikon nachzusehen?«, sagt sie immer: »Erst mal machst du deine Hausaufgaben.« Und dann kommt so sicher wie das Schmatzen seiner kleinen Schwester bei Tisch der Satz: »Sei doch nicht immer so ungeduldig.«

Ja, wenn es nach den schlauen Füchsen ginge, würde alles zehn Mal schneller gehen. Dann wären die Computer schon vor 500 Jahren erfunden worden, von dem Herrn Da Vinci zum Beispiel, und heute gäbe es an jeder Straßenecke statt Telefonzellen Internetstationen. Damit man immer sofort seinen Fragen nachgehen kann. Ein Schuljahr würde, sagen wir, zwei Monate dauern (denn länger brauchen schlaue Füchse in der Regel nicht, um den Stoff eines Schuljahres zu kapieren). Die Schule hätte man also mit neun bis zehn Jahren abgeschlossen und man könnte sich dann interessanteren Dingen des Lebens zuwenden.

Wenn es nach den schlauen Füchsen ginge, würden die Politiker nicht so viel Zeit vertrödeln mit monatelangen Debatten, ob die Familien nun 150 oder 160 Euro Kindergeld bekommen. Sie würden einfach kurz ausrechnen, was nötig und was möglich ist, würden daraufhin einen Betrag festsetzen und fertig.

Oliver kann das doch auch. Er führt seiner Mutter das Haushaltsbuch. Er hat einen genauen Überblick, wann wofür Geld nötig ist. Er hat längst überblickt, dass die Familie in den Wintermonaten mehr Haushaltsgeld braucht als in den Sommermonaten. Und er hat längst erkannt, dass es sinnvoll wäre, im Sommer jeden Monat einen kleinen Betrag zurückzulegen für die Mehrausgaben im Winter. Wenn seine Mutter das nicht auf Anhieb versteht oder, noch schlimmer, ihm das nicht glaubt, wenn er ihr das vorrechnet, kommt wieder der Satz: »Sei doch …!«

Auch in der Schule hört Oliver diesen Satz oft. Wenn die Lehrerin gerade – und »gerade« heißt, seit gut sechs Wochen! – den Kindern erklärt, woran man einen Fragesatz erkennt, ruft Oliver dazwischen: »Und wann ist die Sprache überhaupt entstanden? Haben die Menschen von Anfang an Deutsch gesprochen?«, dann ruft das unweigerlich, na, welchen Satz wohl, hervor? Hier dann noch mit dem ebenso dämlichen Zusatz: »Das wird erst in der weiterführenden Schule behandelt.«

Und ebenfalls wenig hilfreich ist für Oliver der Satz seiner Lehrerin »Sei doch etwas geduldiger mit dir selbst«, wenn beim Aufsatzschreiben sein Kopf schneller ist als seine Hand und es deswegen zu einer Schrift kommt, die zu entziffern in der Tat viel Geduld verlangt – von der Lehrerin.

Also, wenn die schlauen Füchse es bestimmen könnten, würde sich die Welt ungefähr zehn Mal so schnell drehen. Aber halt. Ist da vielleicht ein Haken dabei?

Ihr kennt möglicherweise die Geschichte von dem Indianer-Häuptling »Qualmende Sandale«. Qualmende Sandale war berühmt dafür, dass er ohne irgendein Zeichen von Ermüdung tagelang durch die Prärie marschieren konnte, unbeirrt, in stets gleichem Tempo. Und man erzählt sich, dass er niemals in seinem Leben je auch nur eine Blase am Fuß hatte. Qualmende Sandale also wurde eines Tages von seiner Frau »Schnelle Nase« gedrängt (sie hieß so, weil sie einen untrüglichen Spürsinn dafür hatte, wo und wie neue Handelsbeziehungen geknüpft werden konnten – war sie womöglich nasal hochbegabt?) – also, Schnelle Nase drängte ihren Mann, mit dem neuen stählernen Dampfroß in die große Stadt zu fahren, statt wie bisher acht Stunden dorthin zu gehen. Qualmende Sandale sollte dort die neuen Perlenketten zu verkaufen versuchen, die sie in den letzten Wochen hergestellt hatte.

Qualmende Sandale setzte sich also in die Eisenbahn. In ziemlich genau einer Stunde war er dort. In der großen Stadt. Es kam ihm vor, als hätte er kaum einmal Luft geholt zwischen Einsteigen und Aussteigen. Angekommen, setzte er sich auf eine Bank am Bahnhof. Und blieb da sitzen. Sieben Stunden lang. Danach suchte er die Händler auf, die ihm die Perlenketten abkaufen könnten. Gefragt von einem der Händler, weshalb er denn nicht gleich nach Ankunft des Zuges zu ihm gekommen sei, sondern erst noch Stunden am Bahnhof sitzen geblieben sei, sagte Häuptling Qualmende Sandale: »Ich musste warten, bis meine Seele hinterher kam.«

Ja, liebe Leute, das ist die andere Seite des D-Zug- und Düsenzeitalters, der schnellen Verbindungen und der sofortigen Verfügbarkeit von Information: Die Seele muss erst hinterherkommen.

Wenn du mit deinen Eltern gleich am ersten Ferientag in den Flieger steigst, nach vier Stunden am Strand einer sonnigen Insel ankommst ... kann es sein, dass auch du, sagen wir, ein paar Stunden oder vielleicht sogar einen ganzen

Tag brauchst, bis du auch innerlich, mit deiner Seele, deinem Herzen, angekommen bist? Bis du auf »Ferien am Meer« umgeschaltet hast, nachdem du noch gestern dich mit Fragesätzen beschäftigt hast? Die Seele muss erst hinterher kommen, auch in den Urlaub.

Und andersherum ist es genauso: Ihr seid wieder zu Hause. Morgen geht die Schule wieder los. Bist du wirklich so schnell wieder zu Hause? Bist du nicht noch für ein, zwei Tage, wenn du schon wieder über den Fragesätzen sitzt, mit deinen Gedanken und Empfindungen dort am Strand? Die Seele braucht Zeit.

Vieles braucht Zeit, was sich entwickeln soll. Du kannst das Wachstum einer Pflanze kaum beschleunigen. Auch wenn du noch so viel chemischen Dünger darüber schütten würdest. Und die Erde sollte sich eigentlich auch doch möglichst nicht schneller drehen, als sie es jetzt tut. Denn dann kämen die Rhythmen der Natur ganz schön durcheinander. Du hättest dich gerade schlafen gelegt (zugegeben, du brauchst vielleicht weniger Schlaf als viele anderen Kinder), da würde nach zwei Stunden schon der Wecker klingeln. Aufstehen! Die Sonne ist heute ein paar Stunden früher aufgegangen. – Oder die Vogelmutter, die darauf eingestellt ist, sechs Wochen lang ihre Eier zu bebrüten. Sie wäre ganz schön schockiert, wenn die Küken schon nach drei Tagen ausschlüpfen und nach Futter kreischen würden.

Nicht nur für Normalos, auch für schlaue Füchse kann es manchmal anstrengend sein, wenn alles so schnell geht. Nehmen wir an, du hast für dich die Frage geklärt, wie das Universum entstanden ist. Du hast viel darüber gelesen, im Internet recherchiert; du hast Zeichnungen gesehen vom »Urknall«, von den ersten Sonnensystemen, und du hast eine Vorstellung von der atemberaubenden Weite des Weltalls. Schon das muss man ja erst mal verkraften. Aber jetzt nagen schon weiterreichende Fragen an dir: Gibt es in den anderen Sonnensystemen vielleicht auch Leben? Gibt es dort vielleicht Lebewesen, die nicht in die Schule müssen? Hat man dort mehr Zeit zum Fußballspielen? Gibt es dort auch die Luft einfach so zum Einatmen oder müssen sich die Leute die Luft in Flaschen am Kiosk kaufen? – Schon drängt es dich, auch noch diesen Fragen nachzugehen. Du erfährst dabei, dass noch wichtiger als Luft das Wasser ist. Du hast herausgefunden, dass es tatsächlich Planeten gibt, die Wasser haben oder zumindest einmal hatten. Deiner Phantasie sind keine Grenzen gesetzt. Du kannst dir ausmalen, wie das Leben auf so einem anderen Stern aussehen könnte. Das wirft wieder neue Fragen auf: Wenn es anderswo noch eine Erde gibt mit Lebewesen und wenn sich dort vielleicht alles gleich entwickelt hat wie hier – erst die Meere, dann die Kontinente, dann die Pflanzen, später die Saurier, dann der Mensch, dann Frau Tugendhat, die Religionslehrerin … Gibt es mich dort oben dann noch einmal? Auweia, das ist, wie wenn man am Rand des Daches eines Wolkenkratzers steht und hinunter blickt. Da kann einem ganz schön schwindelig werden.

Also hallo? Wo ist deine Seele jetzt? Auf dem anderen Stern? Oder noch zu Hause, am PC, wo du sitzt und Fragen eingibst? Oder ist deine Seele noch bei den Spaghetti, die halb aufgegessen neben dem PC warten?

Es geht nicht darum, dass du aufhören solltest, schnell zu denken und immer weiter reichende Fragen zu stellen. Man kann ja nicht mit Absicht langsam verstehen. Unser Vorschlag ist nur: Gib dir, deiner Seele, wie Qualmende Sandale sagen würde, manchmal etwas Zeit.

Du kennst das vielleicht: Manchmal braucht man zum Einschlafen Zeit. Du sortierst noch ein bisschen, was du tagsüber erlebt und gehört hast; nimmst dir für morgen etwas vor; denkst noch über alles Mögliche nach wie zum Beispiel über die Frage, weshalb Frau Tugendhat wohl so elend schielt, dass man nie weiß, wen sie meint, wenn sie sagt: »Lies mal deine Hausaufgabe vor.« Deine Seele ordnet sich also. Dann erst schläfst du wirklich ein.

Sicher, du brauchst nicht so viel Zeit wie die Schnecke, die zwei Jahre brauchte, um ihrem Ärger Luft machen zu können. Vielleicht erlauben dir deine Eltern Meerschweinchen zu züchten oder du legst bei euch hinterm Haus einen kleinen Kräutergarten an. Da kannst du beobachten, dass Entwicklung Zeit braucht. Du könntest ein Experiment daraus machen. Du säst ein paar Blumensamen ein. Welche blühen zuerst, welche zuletzt. Alle werden sie blühen. Aber jede braucht eine andere Zeit.

Oder wenn du dich für Mineralien interessierst und Edelsteine – sieh doch mal nach, wie viel Jahrtausende das flüssige Magma des Erdinneren brauchte, bis daraus ein Turmalin entstand? Und wie lange brauchten die Muschelschalen und Schneckenhäuser, bis ihr Kalk Gestein, ja ganze Berge bildete? Ungefähr 65 Millionen Jahre. Übrigens brauchte auch der Urknall, mit dem das Universum entstanden ist, immerhin auch 13 Milliarden Jahre, bis er fertig geknallt hatte.

→ **Du könntest hierzu aufschreiben, was für dich ganz dringlich ist einerseits und wofür du dir Zeit lassen könntest andererseits.**

»Ich hasse Fehler!« – Warum eigentlich?

Christian, genannt Chrissie, wenn man *von* ihm spricht, und Chrisse, wenn man *mit* ihm spricht, Christian also war die Sonne seiner Klasse. Immer gut gelaunt, ließ er sich von allem begeistern, was er erlebte oder erfuhr. Ob das der neue Rechenweg war für die Ergänzungsaufgaben, das neue Modell irgendeines Autotyps, das er auf der Straße sah, oder wenn es um den Tausch von Fußballer-Fotos ging, Christian war immer interessiert dabei, fragte nach, informierte sich im Internet. Es musste bloß neu sein, dann verschwendete er seine überschäumende Energie daran.

Christian schien ein glücklicher schlauer Fuchs zu sein. Das gibt es ja auch. Schlaue Füchse müssen ja nicht automatisch Probleme haben, nur weil sie schlaue Füchse sind. Nur ein einziges Problem hatte Christian doch, und davon wollen wir erzählen: Er konnte es nicht ertragen, einen Fehler zu machen. Klar, niemand macht gerne Fehler. Manche schämen sich, wenn sie etwas falsch gemacht haben; vielen ist es einfach egal. Christian aber wurde richtig wütend, wütend auf sich selbst, wenn ihm etwas nicht sofort gelang.

Frau Coutinho (das spricht man »Kutinjo«, weil sie einen Mann aus Portugal geheiratet hat) hatte Christian gebeten, ihr bei der Vorbereitung des Klassenausfluges zu helfen. Der Besuch in einem Bergbau-Museum sollte verbunden werden mit einer Wanderung. Frau Coutinho hatte Christian auf einer Wanderkarte gezeigt, wo man mit dem Bus ankommen würde und wo das Museum war. Dazwischen lagen drei Stunden Wanderung. Ob er anhand der Karte einen geeigneten Weg für die Wanderung ausarbeiten könne. Christian war begeistert. Im Internet fand er weitere, noch genauere Wanderkarten und -vorschläge zu der Gegend um das Bergbau-Museum. Er tüftelte einen Weg aus, der an einem kleinen See vorbeiführte, an einer Waldhütte, wo man Rast machen konnte und sogar noch an einem Aussichtsturm.

Christian kopierte die Wanderkarte von Frau Coutinho, zeichnete mit Filzstift den Weg ein, schrieb noch die Wanderzeichen dazu und sogar die Kilometerzahl zwischen einzelnen Stationen. Frau Coutinho freute sich über diese gute Vorarbeit und beauftragte Christian, die Klasse bei der Wanderung anzuführen.

Als es so weit war, zog Christian mit Feuereifer voran. Schon nach wenigen Minuten geschah jedoch etwas für Christian ganz Schreckliches und Unfassbares: Ein Wanderzeichen, das er in die Wanderkarte eingetragen hatte, stimmte nicht überein mit dem Wanderzeichen an einem Baum. Katastrophe! Hatten sie sich verlaufen? Jedenfalls muss Christian einen Fehler gemacht haben, entweder als er die Wanderkarte erstellte oder bei der Wanderung selbst. Vielleicht hatte er eine Abzweigung übersehen. »So etwas darf nicht passieren!«, schrie er auf ein Mal. Und dann beschimpfte er sich selbst: »Wie kann man nur so blöd sein! Ich bin wohl zu doof, um eine Wanderkarte zu lesen!« Wütend stampfte er auf den Boden, dass die Kieselsteine umhersprangen, aufgeregt fuhr er durch sein Haar, kickte gegen Bäume. Wie Rumpelstilzchen.

Frau Coutinho versuchte, ihn zu beruhigen. Aber das steigerte eher noch seinen Zorn. Vor Verzweiflung fing er an zu weinen. Auch andere Kinder wollten ihn beruhigen. Aber da war nichts mehr zu machen. Christian weigerte sich, die Wanderung weiterhin zu führen. Noch lange ärgerlich, trottete er der Gruppe hinterher, kickte jede Kastanie durch den Wald, die auf dem Weg lag und ließ einfach nicht mehr mit sich reden. Für ihn war der Tag gelaufen.

Ja, Christian litt sehr darunter, wenn etwas schief ging. Anderen Kindern in der Klasse schien es eher gleichgültig zu sein, wenn sie in den Hausaufgaben Fehler hatten, und sie wären im übrigen wahrscheinlich doch froh gewesen, so selten Fehler zu machen wie Christian.

Zu Hause war es nicht anders. Als er einmal im Internet sich nähere Informationen über die Technik eines neuen

Autos holen wollte, vertippte er sich, so dass er auf der Homepage irgendeines Möbelhändlers landete. Eine Kleinigkeit, denkst du. Passiert jedem mal. Aber nein, Christian tobte, schlug auf den Bildschirm, als sei der Schuld und hatte schon gleich keine Lust mehr, nach dem Auto weiter zu suchen.

Wenn ihm bei den Hausaufgaben zufällig ein Rechenfehler unterlief, zerriss er das Blatt, warf die Fetzen durchs ganze Zimmer, brummelte noch den ganzen Nachmittag mürrisch vor sich hin. Und diese Hausaufgaben machte er dann nicht mehr weiter.

Bei der Geschichte mit der Internet-Suche war übrigens sein Freund dabei. »Du gibst dir immer nur eine, genau eine Chance, Chrisse, nicht wahr?«

»Ich hasse es«, stieß Christian zwischen zusammengepressten Zähnen hervor. Und seine Mutter, die das Drama von der Küche aus mitbekommen hatte, rief: »Dich selbst brauchst du dafür aber nicht auch noch zu hassen. Sei doch mal geduldiger mit dir selbst.«

Das wollte Christian nun überhaupt nicht hören. Was die Erwachsenen Geduld nannten, war für ihn Zeitverschwendung, wenn nicht Schlamperei, gepaart mit dämlichen Ausreden. – Ja, an solchen Tagen schien die Sonne nicht.

Bei Leonie war es ähnlich. Nur dass sie nicht tobte und brüllte, wenn ihr etwas daneben ging. Vielmehr wurde sie dann ganz schweigsam und machte sich im Stillen unerbittliche Vorwürfe. Genau wie Christian ging es ihr nicht darum, durch perfekte Leistung glänzen zu wollen. Es geht solchen Kindern nicht um Lob und Anerkennung. Sie können es nur nicht ertragen, dass etwas nicht richtig funktioniert. Dass etwas nicht so ist, wie es sein sollte. Manche können es auch nicht ertragen, wenn andere Leute etwas falsch machen. Leonie weinte zum Beispiel einmal den ganzen Nachmittag in einer Mischung aus Wut und Traurigkeit, weil ihre Lehrerin ein Mädchen der Klasse für etwas bestraft hatte, was diese gar nicht angestellt hatte.

Wenn schlaue Füchse und Füchsinnen solche Ungerechtigkeiten beobachten, gibt es nur eines: reden, reden, reden. Mit den Lehrern, mit den Eltern, mit Freundinnen oder Freunden. Denn die meisten Dinge, die schief gehen oder die man selbst falsch gemacht hat, kann man hinterher noch korrigieren. Aus Fehlern kann man lernen. Fehler, liebe schlaue Leute, können sogar *interessant* sein. Sie können uns anregen, etwas erneut zu betrachten oder es noch mal anders zu verstehen. Fehler sind manchmal sogar notwendig, um etwas lernen zu können. Als du Fahrradfahren gelernt hast, auch wenn du es schnell gelernt hast, saßt du fürs erste ziemlich kippelig auf deinem Sattel. Vielleicht bist du auch ein, zwei Mal umgefallen. Daraus hast du gelernt, wie du das Gleichgewicht halten kannst.

Ja, Fehler können spannend sein oder sie können zu etwas ganz Unerwartetem, Interessantem führen. Nehmen wir als Beispiel Mathilde. Ihre Mutter sollte ihr aus der Bibliothek ein Buch mitbringen über Kanus, weil Mathilde sich neuerdings für den Kanusport interessierte. Aus Versehen brachte die Mutter aber ein Buch über Kanuwandern mit. Mathilde war außer sich, schimpfte und wies es entrüstet von sich, als die Mutter anbot, ihr nächstes Mal das richtige Buch zu bringen.

»Geh doch selbst und hol dir dein Buch«, sagte die Mutter schließlich verärgert. Mathilde schnappte sich das Kanuwanderbuch und machte sich, wütend über diese Zeitverschwendung, auf zur Bushaltestelle, um zur Bibliothek zu fahren. Da sie ein paar Minuten auf den Bus warten musste, blätterte sie in dem »falschen« Buch. Mit einem Schlag war sie Feuer und Flamme darüber, was man mit dem Kanu Spannendes erleben konnte und dass man damit an ganz verborgene Flussufer gelangen kann, die zu Fuß, geschweige denn mit dem Auto, gar nicht zu erreichen sind. Sie rannte nach Hause.

»Mama, wir könnten doch alle zusammen eine Kanuwanderung machen. Wir nehmen Picknick mit und Badezeug.

Und dann können wir an ganz versteckten Plätzen baden.« … Tja, das war also ein nützlicher Fehler von der Mutter.

Und zu Christians Geschichte gibt es übrigens noch einen Nachtrag: Ein paar Tage nach der für ihn verkorksten Wanderung erzählte er einem Freund von seinem Missgeschick und dass er nur noch sauer und traurig hinterher gezottelt ist.

Der Freund sagte: »Dann haben also andere die Wanderung geführt?«

»Ja, Corinna und Beate.«

»Und ihr seid angekommen?«

»Ja. Warum fragst du?«

»Mit deiner Wanderkarte?«

»Ja.«

»Soso. Ist doch eigentlich gut. Du brauchst also nicht immer selber alle Verantwortung zu tragen dafür, dass etwas richtig läuft.«

Christian war überrascht. So hatte er das noch nie gesehen. Natürlich, andere können ja Verantwortung mit übernehmen. Gemeinsam klappt es oft besser, als wenn man meint, alles alleine regeln zu müssen. Andererseits, dachte Christian, für meine Hausaufgaben bleibe ich ja doch selbst verantwortlich. – Wir können auf jeden Fall dazu sagen: Christian, gib dir immer auch noch eine zweite Chance.

→ **Hast du das schon mal erlebt, dass aus einem Fehler, den du oder andere gemacht haben, etwas Neues, Interessantes entstanden ist?**

»Sei doch nicht so stur!«

Was heißt hier »stur«? Wenn Mia nicht einsieht, dass sie etwas machen soll, dann macht sie es eben nicht. Alles andere wäre erstens unehrlich und zweitens Zeitverschwendung.

Auf Ernis Geburtstag sollten die Kinder »Eierlaufen« spielen. Das hatte sich Ernis Mutter ausgedacht. Ein rohes Ei auf einen Löffel legen, den Löffelstiel zwischen die Zähne klemmen und dann einmal durch den Flur und zurück gehen, ohne dass das Ei herunterfällt. Haha. Wie witzig. Solchen Quatsch macht Mia nicht mit. Das einzig Interessante wäre vielleicht gewesen, zu beobachten, wie Ernis aufgedrehte Mutter wohl reagieren würde, wenn tatsächlich ein Ei auf den Teppichboden fiele …

Also, solchen Kram macht Mia nicht mit. Sie setzt sich dann lieber in eine Ecke und liest. Auch wenn Ernis Mutter sagt: »Sei doch nicht so stur!« Das ist Mia mittlerweile egal.

Kürzlich war Mia mit Alexandra und Sabine in der Stadtbibliothek. Sie sollten für die Schule etwas herausfinden über Bienen, wie die leben und so, weil in Sachkunde hatten sie gerade Tierschutz. Alexandra und Sabine hatten danach spontan die Idee, noch durchs Kaufhaus zu ziehen und mal nachzusehen, was die neuen Filztaschen kosteten, die jetzt alle hatten. Mia hat Null Interesse an so was. Wozu brauchte sie eine Filztasche? Sie hat eine aus Stoff und Leder. Die reicht ihr völlig. Und dass jetzt »alle« solche Filztaschen haben, meist in Knall-Farben mit irgendeinem kindischen Knall-Muster drauf, ist Mia gänzlich schnuppe.

»Aber gucken kannst du doch wenigstens.«

»Wozu? Ich gehe so lange in die Buchhandlung und wir können uns hinterher wieder treffen.«

»Sei doch nicht so stur«, heißt es dann.

Aber mit solchen Modetrends konnte Mia noch nie etwas anfangen. Nur weil es »alle« haben, muss sie es ja nicht auch haben.

Alexandra wurde giftig: »Du meinst wohl, du bist was Besseres, wie?«

Nein, das ist es nicht.

»Lieber Bücher als Klamotten, wie?«, setzte Sabine nach.

Ja, das ist es.

Es ging Mia nicht darum, anders zu sein wie die anderen. Was sie hasste, war Anpassung, mitzumachen, nur weil alle es machen. Auf den Ponyhof gehen, nur weil »alle« auf den Ponyhof gehen? Die neue Fernsehserie ansehen, nur weil »alle« davon schwärmten?

»Wer ist denn ›alle‹«, fragte sich Mia oft. »Niemand ist ›alle‹. Jeder ist doch ein eigener Mensch, ganz für sich. Jeden gibt es nur ein Mal.«

Die Leute, die jede Mode mitmachten, taten ihr eher leid.

»Vielleicht wollen die nur beliebt sein.« Dabei würde sie, Mia, manche Leute viel lieber haben, wenn die nicht immer so sein wollten wie »alle«.

Mit Leander ist es genauso. Wenn man hundert Jungs fragt, was sie in ihrer Freizeit gerne machen, sagen 98: »Fußball!« Von den zweien, die das nicht sagen, sagt einer: »Ich kann Fußball nicht leiden.«

Leander ist so einer. Er findet Fußball doof, laut, und vor allem bedrängt es ihn, wenn die Fans herumgrölen. Und dass da 22 Leute dem Ball hinterherrennen, findet er kindisch. Leander hat deswegen auch keine Fußballer-Karten zum Tauschen. Er weiß auch nie, wie es in der Bundesliga gerade steht. Ganz einfach, weil ihn das nicht interessiert. Wenn seine Clique nach der Schule noch schnell ein kleines Fußball-Match auf der Wiese hinter der Kirche machen will, geht er lieber nach Hause. Und was rufen sie ihm dann nach? Genau: »Sei doch nicht so stur!«

»Nicht stur sein« heißt offenbar: mitmachen, sich anpassen, das gut finden, was »alle« gut finden. Bloß kein eigener Mensch sein.

Einmal wurde Leander richtig grantig mit seinen Freunden, die ihn übrigens mochten trotz seiner für sie rätselhaften Abneigung gegen Fußball. Als sie ihn aufforderten, Herrn Markiewicz zusammen mit ihnen im Unterricht dadurch zu ärgern, dass alle gleichzeitig aus dem Fenster schauten, sagte er: »Ihr könnt mich mal. Dass Herr Markiewicz zu streng ist, kann man ihm auch direkt sagen. Alle zusammen ihn gleichzeitig zu ärgern, ist feige.«

»Soso, dann trau dich doch.«

»Gut, ich mach's«, sagte Leander.

Zwei Tage später – Herr Markiewicz hatte Leander aufmerksam zugehört und zugesagt, seinen Stil zu überdenken – wurde Leander von einem Freund aus seiner Klasse gefragt: »Hättest du dich auch getraut, wenn du alleine gewesen wärst?«

»Ich hab doch alleine mit ihm gesprochen.«

»Hast du. Aber ich meine, hättest du auch alleine mit ihm gesprochen, wenn wir alle nicht an dich gedacht und dir die Daumen gedrückt hätten?«

»…«

Manchmal kommen auch schlaue Füchse ins Grübeln.

→ **Denkst du, dass Mia und Leander »stur« sind?**
Und kannst du Mias Freundinnen und Leanders Freunde verstehen, wenn sie manchmal sagen: »Sei doch nicht so stur!«?

Wieviel PS hat eigentlich eine Frage?

Leon schwirrte der Kopf. Tausend Fragen, Gedanken und Ideen rasten durch sein Gehirn. Wie auf der Autobahn, wenn alle aneinander vorbeidrängeln. Hatte er sich die eine Frage beantwortet, schossen schon die nächsten raketengleich an ihm vorbei. Leon stellte sich nicht Fragen, sondern die Fragen stellten sich ihm, wollten immer dringend beantwortet sein. Fragen vermehren sich offenbar dadurch, dass man sie beantwortet. Und zwar im Affenzahn.

Ob es um wichtige Dinge ging wie zum Beispiel die Frage, ob er im Schülerspeisesaal heute Spaghetti oder Bratkartoffeln nehmen sollte, oder um unwichtige wie etwa den neuen Mathe-Stoff – alles, womit Leon sich beschäftigte, spaltete sich in eine immer unübersichtlichere Menge von Fragen und Gedanken auf.

Greifen wir nur den gestrigen Vormittag, 11.30 Uhr, heraus. Während Frau Hasenmeier den Kindern die Hunderter-Tafel erklärte, dachte Leon an das Mittagessen. Es blieb nicht bei der Frage »Spaghetti oder Bratkartoffeln?«, sondern sogleich tauchten weitere Fragen auf wie diese: »Wie werden eigentlich Spaghetti hergestellt?«, »Wieviel wiegt eine Spaghetti-Nudel?«, »Wer hat die Spaghetti erfunden – und warum?« Da Leon zuhause schon mal gezählt hatte, wie viele Spaghetti in einer 250-Gramm-Packung sind – es waren 94 –, ergab sich, dass eine Nudel fast 2,66 Gramm wiegt.

Aber sofort jagte die nächste Frage über seine innere Autobahn: »Wieviel wiegt die Spaghetti-Nudel, wenn sie gekocht ist? Und wieviel wiegt sie dann, wenn sie im Magen gelandet ist?« Gleichzeitig, wenn auch eher auf einer Nebenstrecke, überlegte Leon, warum die Hunderter-Tafel eigentlich unbedingt eine Tafel sein musste. Könnte man sie nicht auch als Würfel darstellen? Diese Frage rief Leon in die Klasse. Frau Hasenmeier sah ihn entgeistert an und hatte mal wieder nichts Besseres zu antworten als: »Konzentrier dich!«
Noch während Leon die Frage aussprach, erschienen in

seinem Kopf zwei mögliche Antworten: Man könnte einen Würfel aus Glas machen, in dem außen und innen alle Zahlen bis Hundert eingeschrieben sind, so dass man sie alle gleichzeitig sehen kann. Oder man baut einen Würfel aus Holz, der seinerseits aus kleineren Würfeln besteht, die man drehen kann. So könnte man sich die Zahlen, mit denen man gerade rechnen will, immer nach außen drehen. Aber – schon steckte die nächste Frage in den Startlöchern: Ein Würfel hat sechs Seiten. Das geht also nicht auf, wenn man die Zahlen von eins bis Hundert damit darstellen will. Wie also müsste man den Würfel aufteilen? ...

Als Leon mit Frederick in der Schlange im Schülerspeisesaal stand, fragte er ihn: »Was nimmst du denn heute?« »Spaghetti«, antwortete Frederick kurz und schien nicht weiter beunruhigt durch Folgefragen. So war das mit den Normalos. Wenn sie eine Frage geklärt hatten, waren sie fertig und zufrieden damit. Ja, wussten sie denn nicht, wie viele neue Fragen in jeder Frage steckten? Leon beneidete Frederick manchmal. Der ließ sich sowieso nie aus der Ruhe bringen. Frederick schien Fragen oft geradezu zu vermeiden. Als Leon ihn einmal vom Verschwinden der Wälder in Südamerika und in Russland erzählte (er hatte darüber gelesen in der Wochenzeitung, die sein Vater abonniert hatte), sagte Frederick nur: »Nach Südamerika geh ich sowieso nicht.«

Und so ging das den ganzen Tag bei Leon. Auch seine besten Freunde konnten mit seinen ständigen Fragen und Sorgen nichts anfangen. Für manche war er sogar ein Spinner oder, noch schlimmer, ein Angeber, weil er sich mit Fragen und Gedanken abgab, die doch eigentlich den Erwachsenen gehörten. Leon war allein mit seinen tausend Fragen. Und das war eigentlich noch schwerer auszuhalten als die Raserei der Fragen selbst. Denn viele Fragen waren ja nicht einfach nur Fragen, sondern sie bedeuteten auch etwas. Zum Beispiel die Sache mit den Wäldern. Leon hatte gelesen, dass das Klima der ganzen Erde dadurch bedroht sei, dass riesige Waldflächen verschwanden. Denn die Blätter der Bäume sorgten für Sauerstoff und hielten dadurch die Luft sauber. Wenn es weniger Sauerstoff gab, wurde die Luft schmutziger, durch Autoabgase, Kraftwerke und so was, so dass auch Tiere zum Beispiel gefährdet wären. Und die Erde würde immer wärmer werden. Leon bedrückte das. Wie kann man die Erde retten? Komischerweise interessierte das keinen von seinen Freunden. Waren es also wirklich Freunde?

Mit seinem Vater konnte Leon über solche Sachen reden. Der vermittelte auch, dass Leon an einer Jugend-AG der Organisation »Greenpeace« teilnehmen konnte. Die kümmern sich um solche Probleme wie den Umweltschutz. Da konnte Leon, zusammen mit anderen, Plakate entwerfen, die die Menschen aufrütteln sollten zu einem sorgsameren Umgang mit der Umwelt.

Aber schließlich konnte Leon ja nicht wegen jeder Frage, die ihn beschäftigte, gleich in irgendeiner Organisation mitmachen. Leon hatte zum Beispiel eines Abends unter einer Hecke in der Nähe der Wohnung seiner Familie einen Igel entdeckt. Gleich ging das Geratter in seinem Kopf wieder los. Warum ist der Igel denn so unvorsichtig, mitten in der Stadt zu leben? Wenn der mal über die Straße will, hat der überhaupt eine Chance, heil auf die andere Seite zu gelangen? Oder hatten Igel, so ähnlich wie Schlangen, ein eingebautes Sinnesorgan, das Erschütterungen spürt? Dann könnte der Igel ja mit dem Überqueren der Straße warten, bis er spürt, dass jetzt gerade kein Auto daherrollt. Oder will er gar nicht über die Straße? Wohnt er vielleicht tagaus, tagein unter der gleichen Hecke? Ist ihm das nicht langweilig? Und wovon ernährt er sich dann? Sollte Leon ihm vielleicht ab und zu einen Apfel da hinlegen? – So ging das immer weiter. Bis in die Nacht. Leon konnte nicht einschlafen. Er hatte seiner Mutter davon erzählt. Die hatte zu ihm gesagt: »Morgen kümmern wir uns darum.« Aber was ist bis morgen? Wenn der Igel jetzt heute nacht verhungert? Oder doch über die Straße will? Hätte er, Leon, vielleicht Schilder für die Autofahrer aufstellen sollen: »Achtung! Fahren Sie langsam und achten Sie auf den Igel!« Aber wie hätten die Autofahrer so ein Schild nachts sehen können? Man müsste es in Leuchtfarbe auf so eine Pappe schreiben. Oder eine Batterielampe über der Schrift befestigen. Aber was ist, wenn die Batterie mitten in der Nacht alle ist?

Irgendwann schlief Leon schließlich ein. Er träumte von Batterien, die über die Straße wollten und von Igeln, die als Verkehrspolizisten am Straßenrand standen und die Autos anhielten, wenn eine Batterie die Straßenseite wechseln wollte. Als er aufwachte, noch bevor der Wecker klingelte, hatte er sofort ein schlechtes Gewissen. Was war jetzt heute nacht mit dem Igel geschehen?

Und nun passierte etwas, das Leon in seinen ganzen acht Lebensjahren noch nie passiert war: Die Frage blieb da. Sie blieb stecken. Und sie brachte auch nicht wieder zehn neue Fragen hervor. Stau! Stau auf seiner Kopfautobahn. Alle Fragen, die sich Leon seit gestern abend wegen dem Igel gestellt hatte, steckten gleichzeitig fest. Es ging einfach nicht mehr weiter. In der Schule, Frau Hasenmeier erklärte, natürlich, schon wieder die Hunderter-Tafel, konnte Leon an nichts anderes mehr denken. Bleich kam er nach Hause. Seine Mutter bemerkte gleich, dass etwas nicht stimmte. Sie musste ihn mehrmals fragen, bis er damit herausrückte, was ihn bedrückte. Da sagte sie: »Es gibt Fragen, bei denen man nichts *tun* muss, die man sich einfach nur beantworten muss. Und es gibt Fragen, die wollen, dass man etwas tut, damit sie beantwortet sind. Lass uns mal zu der Hecke gehen.«

Uff, das war es. Klar, sie hatte recht. Solche Fragen wie »Wer hat die Spaghetti erfunden?« konnte man einfach im Lexikon nachschlagen. Dann war diese Frage fertig und man konnte sich mit der nächsten beschäftigen. Aber solche Fragen wie »Wie kann der Igel in der Stadt überleben?« erfordern, dass man handelte. Und am besten ist es, wenn man gemeinsam handelt.

Sie nahmen einen Korb, ein paar alte Tücher und einen Apfel mit und rückten aus, den Igel zu suchen. Tatsächlich fanden sie ihn unter der Hecke. Gott sei Dank. Er hatte die Nacht überlebt. Mit den Tüchern hob ihn die Mutter in den Korb. Er guckte zwar verdutzt, wehrte sich aber nicht. So brachten sie ihn in ihren Garten. Zwischen der Garage und der Hauswand baute Leon mit seiner Mutter aus engem Maschendraht ein kleines Gehege. Hier konnte der Igel nun sicher wohnen. Und Futter würde er auch regelmäßig bekommen.

Leon war sehr erleichtert. Er nahm sich vor, künftig bei jeder Frage, die ihm mit mindestens 150 Sachen durch den Kopf schoss, erst mal zu entscheiden, ob es eine Beantwort-Frage war oder eine Tu-Was-Frage. Und die Mutter riet ihm, den Tu-Was-Fragen immer mit anderen zusammen nachzugehen. Weil man am meisten tun kann, wenn man gemeinsam handelt. So wie man bei Greenpeace gemeinsam mehr für die Umwelt tun kann, als wenn jeder für sich alleine die Wälder schützen wollte.

Das ist also wieder ein Thema, bei dem wir sagen: Du musst nicht alleine damit klarkommen. Du bist nicht alleine verantwortlich für alle Probleme, die dir durch den Kopf rasen. Das heißt natürlich nicht: »Vergiss es, denn dieses Problem ist ein paar Nummern zu groß für dich«, sondern es heißt: »Teile deine Tu-Was Fragen mit anderen. Gemeinsam könnt ihr etwas bewegen.« Und auch wenn die Mehrzahl deiner Klassenkameraden mit deinen Fragen nichts anfangen kann, so wetten wir, dass es immer einige Leute gibt, Kinder oder Erwachsene, die deine Fragen und Sorgen verstehen oder sogar teilen. Es ist etwas sehr Wertvolles, dass du Verantwortung empfindest für solche Dinge wie den Umweltschutz oder, wie Leon, für einen Igel. Aber niemand, auch ein Erwachsener nicht, kann eine solche Verantwortung alleine tragen.

Leons Geschichte ging noch weiter. Er wurde ja schließlich auch älter. Als wir das erste Mal von ihm hörten, war er acht Jahre alt und in der zweiten Klasse. Als wir ihn wieder trafen, war er neun und hatte sich sehr verändert, was die Sache mit den drängenden Fragen betrifft.

Das kam so: Als Leon mit seinem Vater zur Oma aufs Land fuhr, das war ungefähr 200 Kilometer weit weg, bog der Vater mit einem Mal von der Autobahn ab. »Das ist der falsche Weg«, sagte Leon, der die Strecke gut kannte. »Das ist ein anderer Weg«, sagte der Vater, »ich hab heute keine Lust, auf der Autobahn dahinzurasen. Nehmen wir uns Zeit und zuckeln gemütlich über die Landstraßen. Da sehen wir auch mehr von der Gegend.« Und der Vater zeigte Leon einen kleinen See, den man von der Autobahn her gar nicht sehen konnte. Sie fuhren durch dichte Wälder und sahen Rehe. Sie hielten an einer Waldgaststätte an, um in Ruhe ein Eis zu essen. Danach kamen sie an weitläufigen Feldern vorbei. Graureiher saßen unbeweglich am Ufer eines Baches.

Das war nun in der Tat etwas Neues für Leon. »Wir nehmen uns die Zeit«, hatte der Vater gesagt. Sich Zeit nehmen? Das war es. Man kann auch einmal herunter von der Fragenautobahn. Gemütlich durch die Gegend zuckeln. Minutenlang die gute Waldluft riechen, statt im Vorbeirauschen sich zum Beispiel zu fragen, wie viel Tiersorten in so einem Wald eigentlich wohnen. Sich Zeit nehmen! Sich auch mal Zeit nehmen, bei einer, nur einer Frage zu verweilen. Komischerweise verringerte die Frage dann ihre Geschwindigkeit und Leon konnte sie genauer betrachten. Das mit dem Igel zum Beispiel. Der war übrigens nach zwei Wochen aus seinem Gehege verschwunden. Hatte sich offenbar unter dem Zaun durchgebuddelt. Man hörte ihn manchmal abends noch an der anderen Ecke des Gartens schmatzen. Aber gesehen hat man ihn nicht mehr. Ein paar Monate später aber entdeckte Leon drei kleine Igel unter der Hecke! Für die Igel machte es also Sinn, dort zu leben. Dort vermehrten sie sich auch. Also ging es ihnen gut. Trotz der Gefahren der Stadt. Und sie retten zu wollen, indem man sie in ein Drahtgehege einsperrt, fanden sie selbst vielleicht gar keine so gute Idee. Sonst wäre der Igel ja auch nicht getürmt. Zurück dahin, wo er sich offenbar wohlfühlte. Und Leon hatte nun das Gefühl, dass es wohl seine Richtigkeit damit haben könnte, dass die Igelfamilie dort unter der Hecke lebte. Und das war das Neue für Leon. Etwas konnte offenbar seine Richtigkeit haben, auch wenn man sich mit tausend Fragen darüber verunsicherte.

Und als er Frederick davon erzählte, sagte der: »Sag ich doch. Es gibt jede Menge überflüssige Fragen.« Aber so weit wollte Leon dann doch nicht gehen. Aber Zeit nehmen wollte er sich jetzt öfter.

→ Hast du auch Tu-Was-Fragen, die dich immer wieder beschäftigen? Welche? Und mit wem könntest du darüber diskutieren?

»Wieso hat uns der liebe Gott keine Ohrenklappen gemacht?«

Manche hochbegabte Kinder sagen, dass sie es oft zu laut finden in der Klasse. Dass ihnen das richtig weh tut. Auch wenn sie auf der Straße sich mit einem Freund unterhalten und Autos rauschen vorbei oder die Stadtwerke reißen mal wieder die Straße auf. Ui, was kann man da bloß machen?

Paavo (dessen Vater aus Finnland stammt und von dem wir auch im Kapitel über Freundschaft erzählen) hatte da einen Einfall: Er nahm sich, kaum dass er eingeschult war, Ohrenstöpsel aus der Hausapotheke seiner Eltern. Und immer, wenn es ihm in der Schule zu laut wurde, steckte er sich diese gelben Schaumstoffdinger in die Ohren. – Klar, eine supergute Idee. Fand er jedenfalls. Seine Lehrerin, Frau Daman, schien die Idee aber nicht ganz so gut zu finden. Nach ein paar Tagen war sie sogar richtig beleidigt.

»Wenn du mir nicht zuhören möchtest, kannst du gerne wieder in den Kindergarten gehen, mein Freundchen.«

Ach, Frau Daman. Sie haben gar nichts verstanden. Paavo konnte sich nur einfach nicht konzentrieren, wenn es so laut war. Ständig quasselten welche dazwischen, wenn Frau Daman etwas erklärte. Manche summten dauernd oder machten sonst irgendwelche Geräusche. Außerdem hörte man fast immer das Geklapper der Container vom Bauhof unweit der Schule.

Nun war Paavo sauer, dass er die Ohrenstöpsel nicht mehr tragen durfte. Er war auch keineswegs bereit, so schnell klein beizugeben. »Wieso hat uns der liebe Gott keine Ohrenklappen gemacht? Die Augen können wir doch auch zumachen. Warum nicht die Ohren? Hat er das einfach vergessen oder was?«

Frau Daman war nicht nach einer Diskussion darüber zumute. Die Schüler hätten ihr gefälligst zuzuhören und damit basta. Sie verstand es nicht, dass Paavo gerade deswegen die Ohrenstöpsel brauchte, damit er dem Unterricht folgen konnte. Allerdings – und insofern war Paavos Idee noch nicht ganz ausgereift – konnte er auch Frau Daman nicht mehr hören, wenn er die Wachsstöpsel in die Ohren gesteckt hatte. Wiederum machte das nichts, sagte sich Paavo, denn Frau Daman sagte sowieso alles zehn Mal und er verstand meist auch so, was sie wollte. Er konnte ihr nämlich fast immer vom Mund ablesen, was sie sagte. Aber das wollte Frau Daman ihm nicht glauben. Basta.

Was sollte Paavo jetzt machen? Er hatte eine andere Idee: Seine Mutter war Musikerin und übte jeden Nachmittag mehrere Stunden. Er merkte sich die Musikstücke, die sie spielte, und summte sie sich während des Unterrichts ganz leise vor. Gleichzeitig »hörte« er innerlich seine Mutter spielen. Das war auch ein ganz guter Lärmschutz. Nur Frau Daman war mal wieder die Spielverderberin.

»Musst du eigentlich ständig vor dich hin summen, Paavo?«

»Ja«, sagte er mit Selbstverständlichkeit.

»Darf ich fragen, warum?«

»Weil ich keine Ohrenstöpsel tragen darf.«

»Wie? Was soll das? Konzentriere dich und höre auf zu summen.«

Paavo nannte Frau Daman bei sich »Frau Basta«. »Sie hat null Ahnung«, dachte er sich. Was jetzt?

Paavo entwickelte eine neue Methode, sich zu schützen vor dem Lärm.

Eine Zwischenbemerkung: Viele hochbegabte Kinder sind nicht nur einfach lärmempfindlich. Sondern sie fühlen sich sehr abgelenkt, ja, in Anspruch genommen von dem Durcheinander der Worte und Geräusche. Als müssten sie allem, was sie hören, nachgehen. Es in allen Einzelheiten verstehen. Erst wenn man etwas verstanden hat, stört es einen nicht mehr. Aber man kann ja nicht dauernd jedem Satzfetzen, der einem ins Ohr dringt, nachgehen und sich überlegen, was der Sprecher damit gemeint hat. Das macht solche Kinder wie Paavo ganz verrückt. Er hat ohnehin viel zu viel im Kopf und muss ständig seine eigenen Einfälle und Gedanken sortieren und in Schach halten, damit sie ihn nicht auch noch stören, während er doch dem Unterricht folgen will.

Also, Paavos nächste Idee war, sich innerlich das vorzusagen und mit Worten zu begleiten, was er gerade wahrnahm oder selber tat und worauf er sich konzentrieren wollte. Zum Beispiel sagte er sich: »Ich höre Frau Basta jetzt zu, während sie wie ein aufgescheuchtes Huhn vor der Tafel hin und her trippelt und uns die Fragesätze erklärt. Ich merke mir, dass viele Fragesätze mit einem ›W‹-Wort anfangen, und beachte gar nicht, dass Frau Bastas linker Schnürsenkel offen ist und sie wahrscheinlich in den nächsten Minuten über ihre eigenen Schuhe stolpert, wenn sie weiterhin so hin und her trippelt. ...« Das half. Dadurch, dass Paavo so mit sich redete, hörte er den Radau meistens gar nicht mehr. Jedenfalls drang dieser nicht mehr so tief in ihn ein und er fühlte sich nicht mehr so schutzlos.

Was meinst du, liebe Leserin oder lieber Leser, wem das jetzt auch wieder nicht passte? Richtig, Frau Daman. Zunächst reagierte sie ganz besorgt.

»Paavo, warum stierst du neuerdings so vor dich hin? Bedrückt dich etwas?«

Paavo sagte sich innerlich: »Nun sieht mich Frau Basta an und fragt mich mitleidig – wieso übrigens mitleidig? –, warum ich vor mich hin stiere – ein seltsames Wort, hat es mit Stieren etwas zu tun? Man gebraucht es selten – und ob mich etwas bedrücke.« Dabei vergaß er zu antworten.

»Paavo!« Frau Daman erhob ihre Stimme. »Was ist los?«

»Nichts ist los, Frau Ba... Frau Daman, und gleichzeitig ist zuviel los.«

»Äh ... was?«

»Sie brauchen jetzt gar nicht meine Eltern anzurufen,

Frau Daman. Die sind nämlich auch sauer darüber, dass der liebe Gott uns keine Ohrenklappen gemacht hat.«

Frau Daman holte tief Luft. Die Schulglocke läutete. Die Stunde war zu Ende. »Ungefähr zehn bis fünfzehn Mal schneller als sonst rennt Frau Basta aus der Klasse in Richtung Lehrerzimmer«, sprach Paavo innerlich zu sich. Und tatsächlich hörte er den Ausbruch von Geschrei gar nicht, der immer losgeht, wenn es zur Pause läutet.

→ **Hast du noch eine andere Idee, was Paavo gegen den Lärm machen könnte?**

Tarnkappen-Olga

Olga ist auch ein hochbegabtes Mädchen. Olga hat aber keine Lust, ein hochbegabtes Mädchen zu sein. Anfang der zweiten Klasse wurde sie von ihrer Lehrerin dabei erwischt, wie sie während des Unterrichts Gedichte schrieb. Beim nächsten Elternsprechtag schlug die Lehrerin Olgas Eltern vor, ihre Tochter bei einer Psychologin untersuchen zu lassen, ob sie vielleicht besonders begabt sei. Olgas Eltern fuhr der Schreck in die Glieder. In Russland, wo sie herkamen, verhieß es nichts Gutes, wenn ein Kind zum Psychologen geschickt wurde. Es bedeutete meist, dass man den Eltern nicht zutraute, ihr Kind richtig zu erziehen. Und da Olgas Eltern damals auch nicht so gut Deutsch sprachen, verstanden sie auch nicht recht, worauf die Lehrerin mit ihrem Vorschlag hinaus wollte.

Einige Tage nach der Untersuchung sprach die Psychologin mit Olgas Mutter. Sie hatte Olga mitgenommen, weil sie perfekt Deutsch sprach, und eventuell übersetzen musste. Als die Psychologin sagte »Ihre Tochter ist hochbegabt«, hatte Olga augenblicklich den sehnlichen Wunsch, sich verstecken zu können. Sie ahnte, was auf sie zukommen würde, wenn ihre Eltern – und ihre Lehrerin – davon erfahren würden. Sie brauchte nicht mal eine Sekunde für diese Gedanken einschließlich des Beschlusses, dass nie jemand davon erfahren dürfe. Anstatt das Wort »hochbegabt« zu übersetzen, murmelte sie nur auf Russisch »Ich weiß nicht, was sie meint.« Die Psychologin, die kein Russisch konnte, dachte natürlich, Olga hätte das Wort richtig übersetzt.

Seit diesem Tag stellte sich Olga vor, sie hätte eine Tarnkappe auf. Sie machte sich jeden Tag ein vergnügliches Spiel daraus, es niemanden merken zu lassen, was mit ihr war. In der Schule fing sie an, sich geradezu dumm zu stellen. Sie beobachtete die anderen Kinder, wie sie sich verhielten, wenn sie etwas nicht wussten: Sie hatten Ausreden oder taten so, als hätten sie die Frage der Lehrerin gar nicht gehört, oder als hätten sie gerade etwas außerordentlich Wichtiges an ihrem Schultornister zu besorgen. Olga machte das nach. Die Lehrerin wunderte sich, dass Olga auf einmal Schreibfehler machte, die früher nie bei ihr vorkamen. Und Olga hatte ihren Spaß daran, dass die Lehrerin sich wunderte.

Mit der Zeit stellte Olga fest, dass die Tarnkappe ihr nicht nur Spaß machte, sondern dass es manchmal auch anstrengend war, so zu tun, als durchschaue sie nicht alles. In der großen Pause zum Beispiel, wenn die anderen Mädchen Fangspiele machten, musste sich Olga jedes Mal selbst zum Mitmachen auffordern. Früher hatte sie in der großen Pause meist abseits gestanden und sich lieber einen Überblick verschafft darüber, aus wieviel verschiedenen Ländern Kinder auf dieser Schule waren – da waren Türken, zwei Kinder aus Marokko, eines aus Spanien, einige, wie sie, kamen aus Russland oder aus der Ukraine …

Olga sagte sich: »Spiel mit, dann hast du Freunde.« Längst war ihr klar geworden, dass es außer sie überhaupt niemanden interessierte, wieviel Völker auf diesem Schulhof vertreten waren. Oder wieviel Kilo Grassamen man brauchen würde, wenn man den zubetonierten Schulhof begrünen würde.

Zu Hause war es leichter, so zu tun, als sei sie ein ganz normales Mädchen. Ihre Mutter war damals froh gewesen, dass der Besuch bei der Psychologin keine Folgen hatte. Olga las in ihrem Zimmer gerne Bücher über fremde Völker. Die holte sie sich immer aus der Bibliothek, ohne dass ihre Mutter das merkte. Sie stellte sich dann immer vor, wie sie selbst dort leben würde. Wie sie als Nomadin auf einem Kamel durch die Wüste reitet. Wie sie vor ihrer Lehmhütte in einem afrikanischen Dorf Ziegenkäse zubereitet. Oder wie sie als buddhistische Nonne hoch im Himalaya in einem Kloster lebte.

Tarnkappen-Olga verstand es, diese Interessen vor ihren Eltern geheim zu halten. Wenn sie hörte, dass ihre Mutter die Treppe heraufkam, legte sie schnell so eine Mädchen-Pferde-Zeitung über das Buch, das sie gerade las. Ihre Mutter brachte ihr jede Woche so ein Heftchen mit, weil sie meinte, jedes Mädchen in Olgas Alter – sie war jetzt in der vierten Klasse – würde sich für Pferde interessieren. Aber Olga fand Pferde uninteressant und höchst albern fand sie die Fotoromane in den Heftchen, die Rätsel und Anzeigen für Brieffreundschaften. Aber um zu verbergen, womit sie sich beschäftigte, waren diese Heftchen ganz praktisch.

Hier unterbrechen wir kurz die Geschichte von Tarnkappen-Olga. Wir würden Olga nämlich gerne fragen, ob sie wirklich so glücklich ist damit, ihre für ihr Alter vielleicht ungewöhnlichen Interessen zu verbergen. Fühlt sie sich manchmal nicht ein wenig einsam? Bekommt sie denn wirklich Freunde auf diese Weise? Zum Beispiel die Mädchen auf dem Schulhof: Olga, so haben wir gehört, passt sich ihnen an und spielt mit ihnen Fangen, obwohl sie das ziemlich kindisch findet. Sie macht mit, weil sie annimmt, dass sie für das, was sie wirklich interessiert, keine Gesprächspartner findet. Die anderen Mädchen denken sicher, Olga würde genauso gerne Fangenspielen wie sie und würden wahrscheinlich sagen: »Olga ist eine von uns.« Aber ist das wirklich Freundschaft, wenn man das, was einen beschäftigt, seinen Freundinnen oder Freunden gar nicht zeigen oder sagen kann? – Eine ziemlich vertrackte Frage.

Bei unseren Treffen in der Buchwerkstatt hatten zwar alle großes Verständnis für ein Kind wie Olga. Auch andere schlaue Füchse und Füchsinnen wünschen sich manchmal so eine Tarnkappe. Wenn zum Beispiel ihre Lehrer wieder mal erwarten, dass sie eine Eins schreiben. Oder wenn ihre Eltern meinen, sie müssten doch soooo vernünftig sein, weil sie ja hochbegabt sind. –

Trotzdem haben alle Kinder in unserer Buchwerkstatt gesagt, es sei auf die Dauer besser, den Mut aufzubringen, dazu zu stehen, dass man in manchen Bereichen hochbegabt ist. Einige meinten, als wir darüber diskutierten, man soll es ein Mal sagen und dann sollen die anderen aber nie mehr darüber reden. Einige waren der Meinung, dass es ohnehin eher die Erwachsenen sind, die da ständig drüber reden und ständig daran denken. Die meisten Kinder würden, auch wenn sie es wüssten, trotzdem ganz normal mit so einem hochbegabten Jungen oder Mädchen spielen und reden. Die würden da nicht dauernd dran denken wie die Erwachsenen. – Tja, was soll man Olga raten? Nun, glücklicherweise half ihr ein Junge aus ihrer Klasse dazu, dass sie das mit der Tarnkappe bald nicht mehr so verkrampft sah.

Also, so spaßig es Olga anfangs fand, dass keiner merkte, was in ihr steckte, so sehr belastete sie es mit der Zeit. Eines Tages bemerkte sie, dass Thomas während des Mathe-Unterrichts unter der Bank ein kleines Schachbrett hatte, nicht größer als ein Handy, und immer, wenn die Lehrerin gerade nicht in seine Richtung schaute, Schach spielte. Thomas war der Beste im Rechnen in dieser Klasse. Wie ging das, obwohl er offensichtlich gar nicht aufpasste und lieber Schach spielte? – Olga passte Thomas nach der Schule ab und wollte ihn eigentlich fragen, wie das sein könne, dass er in Mathe immer alles schon weiß und kann, ohne aber aufzupassen. Stattdessen fragte sie ihn gerade heraus: »Bringst du mir Schach bei?« Sie war selbst erschrocken über ihre Direktheit. Aber Thomas reagierte ganz cool: »Klar. Ist dir auch langweilig, wenn Frau Diekmann immer alles zehn Mal erklärt?«

»J… ja«, antwortete Olga zögernd.

»Bist du auch hochbegabt?«, fragte Thomas ungefähr so, als hätte er gefragt: »Wie spät ist es?«

Olga rutschte das Herz in die Hosentasche. Die Szene fiel ihr wieder ein, als sie ihrer Mutter damals das Wort »hochbegabt« nicht übersetzen wollte.

Thomas wartete gar nicht auf eine Antwort. »Morgen in der großen Pause beim Geräteschuppen.«

An diesem Nachmittag war Olga ziemlich durcheinander. Sie vergaß, ein Pferdeheftchen über das Buch über die Beduinen zu ziehen, als ihre Mutter hereinkam. Die schien nichts zu merken. Olga war mit ihren Gedanken bei Thomas.

Am nächsten Morgen begann er, ihr Schach beizubringen. Olga war nicht sehr konzentriert dabei, das muss man schon sagen.

»Hast du auch eine Tarnkappe?«, platzte es aus ihr heraus.

»Nö«, sagte Thomas wieder ganz trocken. Er hatte offenbar sofort begriffen, was sie meinte. »Manche wissen es, manche nicht.«

»Und deine Eltern?«

»Die wissen es, aber die lassen mich in Ruhe damit. Die sagen, ich müsse selber bestimmen, wofür ich mich interessiere und wofür nicht. Aber du, warum tust du immer so, als wärst du dumm?«

Jetzt wurde Olga knallpeng-rot. »Ich sehe bestimmt aus wie eine Tomate«, dachte sie. Thomas hatte sie offenbar schon länger durchschaut.

»Ich wollte nicht auffallen und ich wollte nicht, dass die Erwachsenen Mega-Super-Leistungen von mir erwarten.«

»Ist es nicht deine Sache, was du aus deiner Begabung machst?«

Olga beneidete Thomas um sein Selbstbewusstsein. Als hätte Thomas das gemerkt, sagte er: »Wir können doch nichts dafür, dass wir hochbegabt sind.«

So hatte Olga es noch nie gesehen. Sie hatte sich, gerade in letzter Zeit, eher geschämt über ihre Besonderheit. Als sei es ein Makel. Den ganzen Tag ging ihr Thomas' Ausspruch nicht mehr aus dem Kopf: »Ist es nicht deine Sache, was du aus deiner Begabung machst?« Sie spürte, wie in ihr eine Kraft wuchs, die man Mut nennen könnte.

Am nächsten Morgen in der Schule beim Diktat vergaß Olga ganz einfach, Fehler einzubauen. Sie schrieb schnell und ohne zu überlegen. Mit den Gedanken war sie schon in der großen Pause. Sie wollte ja weiter Schach lernen.

Zwei Tage später gab Frau Diekmann die Diktathefte zurück. Zu jedem Kind sagte sie etwas, als sie ihm sein Diktatheft gab. Nur Olga gab sie das Heft wortlos. Olga schlug es auf. Da stand in roter Schrift: »0 Fehler. Eins« Und darunter stand, in grüner Schrift: »Ich verrate es niemand.«

So begann Olga, zuerst probeweise und nur für kurze Zeit, ihre Tarnkappe auch mal abzulegen. Das fiel ihr deswegen gar nicht schwer, weil sie beim Schachunterricht mit Thomas feststellte, dass ihr nicht alles zuflog. Das erste Mal war es für sie *anstrengend*, etwas Neues zu lernen. Olga freute sich geradezu darüber. »Also bin ich nicht nur hochbegabt, sondern auch ganz normal.«

Die anderen Mädchen merkten natürlich, dass Olga nicht mehr mit ihnen Fangen spielte, sondern mit Thomas beim Geräteschuppen saß. Und dass Olga Gedichte schrieb, wussten sie schon längst. »Wir fanden es nett von dir, dass du mit uns gespielt hast, obwohl klar war, dass du auch andere Interessen hast«, sagte eins der Mädchen einmal zu Olga.

Allmählich lernte Olga, immer gelassener damit umzugehen, dass sie hochbegabt war. Manchmal sagte sie es. Aber nur, wenn sie gefragt wurde. Meistens redete sie aber nicht darüber. Aber nicht, weil sie es noch verbergen wollte, sondern einfach, weil sie nicht mehr ständig daran dachte. Es verbergen zu wollen, heißt nämlich, ständig daran denken zu müssen, weil man ja jede Sekunde aufpassen muss, dass man es nicht zeigt. Zeitweise hatte Olga es geradewegs *vergessen*, eine schlaue Füchsin zu sein. Sie schrieb noch weiter Gedichte, jetzt für die Schulzeitung des Gymnasiums, auf das sie wechselte. Andere schrieben da von physikalischen Experimenten oder berichteten von einer Reise. Es war nichts Besonderes, einen Beitrag zur Schulzeitung zu verfassen.

Ja, und Olgas Eltern, die inzwischen genauso gut Deutsch sprachen wie Olga selbst, waren natürlich längst hinter den Trick mit den Pferdeheftchen gekommen. Eine zeitlang hatten sie noch mitgespielt. Dann eines abends, als Olga ins Arbeitszimmer ihres Vaters kam, um ihm Gute Nacht zu sagen, zog er, übertrieben verlegen und hastig, die Fernsehzeitung über das Buch, in dem er gerade las. Olga stutzte und wurde mal wieder rot. Da nahm der Vater sie in den Arm, lachte und sagte: »Wir Hochbegabten sind schon ganz schön normal, nicht wahr?«

→ Wie hälst du es mit dem Verbergen oder nicht Verbergen? Wann würdest du dich am liebsten verbergen und wann nicht? Oder: Vor wem möchtest du dich manchmal verbergen und vor wem aber gar nicht?

Der Fuchs im Aquarium

»Fühlst du dich manchmal fremd unter anderen Kindern?« – Auf keine andere Frage haben wir so viele verschiedene Antworten bekommen wie auf diese.

Carlo zum Beispiel sah uns verständnislos an, als wir ihm diese Frage stellten, und antwortete mit einer Gegenfrage: »Wieso?« Er wusste gar nicht, was wir meinten.

Die allermeisten klugen Kinder haben sehr wohl Freunde. Mit einigen können sie ihre Interessen teilen, mit älteren Kindern sowieso; sie sind im Leichtathletik-Verein, im Kanuclub oder in der Computer-AG wie andere Kinder auch. Sie haben Freunde zum Reden und Freunde zum Fußballspielen. Warum sollten sie sich fremd vorkommen? So brauchen sie auch gar nicht darüber nachzudenken.

Andererseits gibt es dann doch hin und wieder hochbegabte Kinder, die schon mal an sich zweifeln, wenn sie feststellen müssen, dass scheinbar niemand genauso fasziniert ist von, sagen wir, der Sternenkunde oder den Nahrungsgewohnheiten der Eskimos.

Anselm, Greta und John sagten, sie erinnerten sich, dass sie schon in der Kindergarten-Zeit die damals üblichen Kleinkinder-Spiele höchst albern gefunden hätten und dass sie sich gefragt hätten, ob sie die einzigen seien, die so was höchst albern finden. Sie hätten damals lieber gleich lesen und schreiben gelernt. Da sie es im Kindergarten nicht durften, brachten sie es sich selber bei. Und sie hätten lieber etwas über die Fliegerei (Anselm), die Wale und Delphine (Greta) oder die Funktionsweise des Notruf-Funknetzes (John) erfahren wollen als in blöden Hüpfburgen sich täglich ein schummriges Gefühl im Bauch zu holen. Während die anderen Kinder offenbar einen Riesenspaß daran hatten. Da seien sie – Anselm, Greta und John – sich schon etwas fremd vorgekommen.

»Kommt drauf an«, sagte Borut auf unsere Frage (von Borut werden wir gleich noch mehr hören), »was ich gar nicht vertrage, ist Radau. In der großen Pause versuche ich immer, hinter die Turnhalle zu kommen. Da hört man das Gebrüll der anderen Kinder nicht so. Ich weiß nicht, wie die anderen Kinder solchen Lärm aushalten. Ich dachte lange, vielleicht stimmt etwas mit meinen Ohren nicht. Meine Mutter hat mich sogar zu einem Ohrenarzt gebracht. Da musste ich immer auf einen Knopf drücken, wenn ich im Kopfhörer nur den leisesten Ton hörte. Der Ohrenarzt sagte, mein Gehör sei völlig in Ordnung.«

Auch Bianca erzählte, dass sie sich in der großen Pause lieber abseits hält. Aber bei Bianca ist es nicht der Lärm. Sie mag es nur nicht, wenn man seine Zeit mit dämlichem Herumrennen vergeudet. Sie möchte die große Pause lieber sinnvoll nutzen. Zum Beispiel denkt sie sich für die Gäste bei ihrem nächsten Geburtstag ein spannendes Spiel mit kniffligen Regeln aus.

Ob sie sich dann fremd vorkomme?

»Nein, eigentlich nicht. Ich mach ja dann was für die anderen.« Und nach einer kleinen Pause: »Nur, dass die das halt gar nicht wissen.«

Einigen Kindern war unsere Frage, ob sie sich manchmal fremd vorkommen würden, offenbar nicht so angenehm. Sie reagierten mit einem strengen und raschen »Nein!« auf die Frage. Okay, okay. Man muss ja nicht mit jedem über alles reden.

Thilo wiederum reagierte sehr ausführlich, so dass wir uns sogar Sorgen machten, ob das Band unseres Aufnahmegerätes für die ganze Aufzeichnung reichen würde:

»Also, ich will mal so sagen: Schließlich fühlt sich jeder mal fremd. Wenn man neu in eine Klasse kommt, weil man zum Beispiel eine Klasse übersprungen hat, dann hat man richtig Herzklopfen. Man weiß dann nicht gleich, wie die Kinder der neuen Klasse so drauf sind. Aber nach ein paar Tagen ist es, als sei man schon immer mit ihnen zusammengewesen. Oder wenn man als Kind ukrainischer Eltern hierher nach Bochum kommt, dann fühlt man sich, glaube ich, sogar sehr fremd. Man hört die Leute auf der Straße anders reden. Man versteht die gar nicht. Außerdem haben hier alle Kinder Handys. In der Ukraine, das weiß ich von meinem Freund, der mit seinen Eltern aus der Ukraine gekommen ist, hat überhaupt kein Kind ein Handy. So ist hier alles anders. Und dann sind solche ukrainischen Kinder oft ganz schön traurig. Erst wenn sie die ersten Freunde haben, wie mich zum Beispiel, dann nicht mehr. Und dann die Astronauten. Wenn die auf dem Mond herumlaufen – die müssen ja ganz langsam laufen, damit sie nicht wegfliegen –, denke ich, fühlen sie sich dort dann auch ganz schön fremd. Ich möchte Astronaut werden ...«

Wenn wir dich mal kurz unterbrechen dürfen, Thilo. Du weist da auf etwas ganz Wichtiges hin. Fast jeder Mensch hat in seinem Leben sich irgendwann mal fremd gefühlt. Ein paar Beispiele hast du ja schon genannt. Wir Menschen fühlen uns fremd, wenn wir merken – oder auch nur meinen –, dass andere nicht die gleichen Gewohnheiten und Interessen haben wie wir selbst. Wenn einer ein Tennis-Fan ist, selber seit Jahren Tennis spielt und im Fernsehen noch keine Tennis-Übertragung versäumt hat – wie soll er sich dann im Box-Club vorkommen? Fremd natürlich.

Oder wenn man in der Klasse der einzige ist, der sich mit ägyptischen Pyramiden auskennt und wie die gebaut wurden und wie die alten Ägypter das hinbekommen haben, dass diese Dinger nicht schräg in der welligen Wüste stehen, sondern exakt eben auf dem Sand, dann kann man sich auch fremd vorkommen. Wichtig ist, dass man über solche Ungleichheiten das Gemeinsame nicht übersieht.

Verena, die sehr gerne rechnet und in Mathematik deswegen schon den Stoff der nächsten Klasse bearbeitet, Verena also hat gleich ein Rechenspiel aus dieser Frage, ob sie sich manchmal fremd vorkomme, gemacht:

»Mit Miri, die neben mir sitzt, habe ich 862 Gemeinsamkeiten – wir mögen die gleichen Jungs, wir haben beide einen dunkelroten Pullover, wir hören beide gerne die Hörbücher mit den

»Fünf Freunden« und so weiter, und wir haben 14 Unterschiedlichkeiten – Miri mag Pferde, ich lieber Hunde, Miri findet Mathe scheußlich, ich klasse, sie hat zwei Brüder, ich nur einen. Wenn also die Unterschiedlichkeiten und die Gemeinsamkeiten aufgewogen werden, bleiben noch 848 Gemeinsamkeiten im Jahr. Das Jahr hat 365 Tage, wenn nicht gerade ein Schaltjahr ist. Also haben wir pro Tag 2 Gemeinsamkeiten und es bleiben noch 18 übrig. Die heben wir uns für die Sonntage auf, weil sonntags treffen wir uns meistens auch noch und dann unternehmen wir etwas zusammen.«

Für Leute, die keine Mathe-Fans sind: Man hat immer mehr Gemeinsamkeiten mit einem anderen Menschen als Unterschiede. Das muss man sich klar machen, wenn einen mal eine Unterschiedlichkeit zweifeln läßt, ob man »normal« sei.

Nun zurück zu Thilos Ausführungen: »In der Schach-AG hab ich einen Jungen kennengelernt, der muss sich sehr fremd vorkommen. Gesagt hat er es nicht, aber ich denke es mir. Ich meine nicht wegen Schule. Er hat sich nicht gelangweilt im Unterricht und er hat auch keinen Zusatzstoff gebraucht. Im Gegenteil, er musste sich, glaub ich, ganz schön anstrengen, um mitzukommen. Aber er war schon ein Künstler. Er war so alt wie ich, 10 Jahre, und gab schon Konzerte auf der Bühne im Stadtsaal. Er spielte Klavier wie ein Erwachsener, der das erst jahrlang üben muss. Er erzählte einmal, dass er schon, als er noch in den Kindergarten ging, jeden Nachmittag, wirklich jeden, am Klavier verbrachte und Musikstücke spielte, die er am Abend zuvor auf CD bei seinen Eltern gehört hatte. Nicht weil seine Eltern das so wollten. Er selbst wollte das. Mein Vater sagte mal, dass dieser Junge auch hochbegabt sei. Aber eben nicht mit dem Kopf, sondern mit den Ohren und den Händen. So was machen Kinder ja sonst nicht. Also muss er sich ganz schön fremd vorgekommen sein. Oder er ist den anderen Kindern fremd vorgekommen. Weiß ich nicht. Aber sonst war er ganz normal.«

Thilo erzählte noch viele Beispiele. Aber wir wollen jetzt kurz von Elmar berichten. Der kam sich auch fremd vor, aber der fand das sogar gut.

»Klar fühl ich mich manchmal fremd. Besonders in unserer Klasse. Deshalb bin ich ja meistens mit den Leuten aus unserer Computer-AG zusammen. Die sind schon älter. Aber mit denen kann man gut reden. Ich will gar nicht so sein wie die Kinder in meiner Klasse. Tut mir leid. Aber die hängen nur herum, schimpfen auf die Lehrer oder auf die Kinder der Parallelklasse. Sie streiten sich oft, besonders die Mädchen keifen sich dauernd an. Im Unterricht stören sie ständig. Wegen ihnen muss unsere Lehrerin immer alles zehnmal sagen und wir kommen im Stoff nicht voran. Ich bin froh, dass ich ein paar Leute kenne, die sich auch lieber mit richtigen Sachen beschäftigen als die Zeit zu vertrödeln mit Albernheiten.«

Und nun noch mal zu Borut. Borut erzählte uns noch einen Traum, den er mal gehabt hat. Wir fanden diesen Traum sehr interessant und geben ihn deshalb hier wieder.

»Als ich in die Schule kam, hatte ich einmal einen Traum. Ich war ein Fuchs und rannte gerne durch die Wälder und Felder. Ich hatte immer etwas zu fressen gefunden, mal einen Frosch, mal einen Apfel, mal einen kleinen Hasen, und Angst musste ich auch nicht haben, denn ich hatte mir am Waldrand einen kompliziert verwinkelten unterirdischen Bau angelegt mit vielen blinden Gängen und sogar Fallen, so dass mich kein anderes Tier dort hätte finden können. Aber irgendwie war ich wohl der einzige Fuchs im ganzen Wald und ich fühlte mich sehr einsam. Ich wollte Freunde haben. An einem Baum gab es einen Wünsche-Briefkasten. Dort konnte man einen solchen Wunsch einwerfen. In dem Traum konnte ich schreiben und ich hatte Papier, ich weiß nicht, woher. Ich schrieb meinen Wunsch nach Freunden auf, faltete das Blatt und warf es in den Briefkasten. Auf ein Mal – ich weiß noch, dass ich in dem Traum richtig erschrocken war – stand ich in einem Aquarium. Um mich herum lauter Fische. Mein Fell war nass bis zum Hals. Nur mein Kopf ragte über das Wasser. Und es war fürchterlich eng da. Ich konnte gerade mal einen Schritt vorwärts und einen nach hinten tun, dann war schon Schluss. Und wie ich jetzt an mein Futter kommen sollte, wusste ich auch nicht. Es gab hier keine Möhren, keine Mäuse und keine Äpfel. Die Fische waren alle sehr nett. In dem Traum konnten wir miteinander sprechen. Allerdings hatten sie alle eine derart piepsige und leise Stimme, dass es für mich sehr anstrengend war, ihnen zuzuhören. Ich glaube, andersherum war es ähnlich: Wenn ich etwas sagte, wichen die Fische immer in den hintersten Winkel des Aquariums zurück. Wahrscheinlich haben ihnen meine scharfen Zähne sogar Angst gemacht.

Wie gesagt, die Fische waren sehr nett. Ich glaube, sie wollten meine Freunde sein, obwohl ich, für ihre Ohren, so laut und so tief sprach. Haben Fische überhaupt Ohren? Naja, in dem Traum offenbar schon. Sie wollten wissen, ob ich mich auch auf die Mehlwürmer freute, die es jeden Abend regnet, und ob ich auch gerne fangen spiele. Ich weiß noch, dass ich mir ziemlich dämlich vorkam, schon weil ich nicht wusste, was Mehlwürmer sind. Ich machte dann einen Versuch, den Fischen vom Wald und den spannenden Gerüchen dort zu erzählen. Aber die guckten sich nur verstohlen gegenseitig an. Die dachten wohl, ich spinne. Ich hab es nicht lange in dem Aquarium ausgehalten, schon weil ich mich kaum bewegen konnte. Erst wollte ich sie fragen, ob sie in den Wald mitkommen würden. Aber ich hab es gelassen. Die Frage schien mir irgendwie keinen Sinn zu haben.

So ein blöder Traum. Ich weiß nicht, wie er ausgegangen ist. Aber ich hab ihn nie vergessen.«

Soweit Boruts Traum.

Ingo erzählte so etwas Ähnliches wie einen Traum. Vielleicht hat er es auch einfach spontan erfunden, als wir ihn fragten, ob er sich manchmal fremd vorkomme als schlauer Fuchs.

»Früher bin ich mir fremd vorgekommen. Mit keinem Spiel, das die anderen Kinder in den Pausen spielten, konnte ich etwas anfangen. Schon deshalb nicht, weil sie kein einziges zu Ende spielten. Alle paar Minuten fingen sie irgendein neues an und waren mehr damit beschäftigt, sich gegenseitig Spielanweisungen zu geben als das Spiel tatsächlich zu spielen. Ich stand oft alleine da und ich glaube, nicht nur ich kam mir fremd vor, sondern ich kam auch den anderen fremd vor. Dann machten wir einmal einen Klassenausflug. Unter anderem war ein Versteck-Spiel geplant. ›Wieder so ein blödes Spiel‹, dachte ich. Aber ich hab mitgemacht, um nicht immer der Außenseiter zu sein. Wir mussten immer zu dritt durch den Wald streifen und ein Kind finden, dass sich irgendwo versteckt hatte. Die Dreier-Gruppe wurde immer neu zusammengesetzt. Die Dreier-Gruppen, in denen ich mitmachte, fanden das versteckte Kind immer am schnellsten. Es war mir bis dahin nicht bewusst gewesen: Offenbar höre ich sehr gut. Ich hörte das Kind, das sich versteckt hielt, schon von weitem atmen. Und wir fanden es unweigerlich, auch wenn es sich mit Laub zugedeckt hatte. Es sprach sich blitzschnell herum, dass ich so gut hörte, und alle wollten jetzt, dass ich in ihre Such-Gruppe kommen sollte. Und jedes Mal gewannen wir. Seitdem nennen sie mich in der Klasse ›Das Ohr‹. Und dadurch bin ich für die anderen wichtig geworden. Wenn sie in den Pausen auf den Lehrer warten, quasseln sie herum, spielen irgendwas oder zanken sich. Dabei blicken sie immer auf mich, und wenn ich den Lehrer den Flur heraufkommen höre, gebe ich ein Zeichen und dann sind alle mucksmäuschenstill. Eigentlich hab ich Spaß an dieser Aufgabe. Aber ihre Spielchen find ich immer noch blöde.«

Naja, wirklich glücklich sah Ingo nicht aus, als er diese Geschichte erzählte.

Zum Schluss von diesem Kapitel wollen wir noch von Benedikt berichten. Er hatte offenbar nicht so recht Lust, auf unsere Frage, ob er sich manchmal fremd fühle, einzugehen. Aber er erzählte uns dies: »Ob ich mich fremd fühle? Weiß nicht. Aber die Schnecken in unserem Garten dürften sich ganz schön fremd fühlen.«

»Wie kommst du jetzt auf Schnecken?«

»Naja, im letzten Sommer hat es viel geregnet. Mein Vater fluchte jeden Tag über die vielen Schnecken in unserem Garten. Sie waren ja nicht nur im Garten selbst. Sie krochen an den Glasscheiben unseres Wintergartens hoch und hin und her. Keine Ahnung, wo die hin wollten. Wenn man von unserer Wohnung die drei Steinstufen zum Garten hinaus ging, musste man höllisch aufpassen, dass man nicht auf eines dieser Viecher trat. Sie können ja nichts dafür, aber sie sind eklig. Und meine Mutter war traurig, weil die Schnecken die jungen Triebe ihrer Lieblingsblumen, den Ringelblumen, auffraßen, so dass wir in diesem Sommer überhaupt keine Ringelblumen im Garten hatten.

Mein Vater wollte die Viecher töten mit Schneckenkorn. Aber das fand ich dann doch ungerecht. Ich stand deshalb eine zeitlang morgens vor meinen Eltern auf, holte die kleine Gartenschaufel, nahm damit eine Schnecke auf. Die rollte sich gleich ängstlich zusammen. Und dann warf ich sie in hohem Bogen über die Hecke in den Garten unserer Nachbarn. Manchen Morgen waren es zehn oder fünfzehn Stück. Nur es klappte letztlich nicht. Denn am nächsten Morgen waren sie alle wieder da. Ich dachte, dass der Sohn unserer Nachbarn vielleicht das gleiche tat. So sind die Schnecken also einmal hin und einmal zurückgeflogen. Denen ist bestimmt schlecht geworden, weil die sind das ja nicht gewöhnt. Und die haben sich bestimmt gewundert, dass die Evolution so sprunghaft und plötzlich ganz neue Anforderungen stellt. Die Evolution ist die Entwicklung der Tierarten über Jahrmillionen hinweg, müsst ihr wissen. Seit Jahrmillionen kriechen die über das Gras und die Glasscheiben hoch. Jahrmillionen ging das gut. Und jetzt sollen sie auf einmal fliegen? ›Wie können wir uns bloß möglichst schnell Flügel wachsen lassen?‹, haben sie sich wohl gefragt. Na, und die müssen sich wohl auch ziemlich fremd vorgekommen sein auf der Welt. Die haben bestimmt gedacht, mit ihnen stimmt was nicht. Oder sie haben gedacht, sie hätten wohl irgendetwas Fürchterliches angestellt und müssten jetzt zur Strafe im Hau-Ruck-Verfahren fliegen lernen. Ich hab's dann gelassen.«

Also, du siehst, lieber Leser oder liebe Leserin, es gibt ganz verschiedene Möglichkeiten, mit der Frage, ob man sich manchmal fremd fühlt als schlauer Fuchs, umzugehen.

→ **Uns würden deine eigenen Erfahrungen zu diesem Thema sehr interessieren.**

»Micha ist meine beste Freundin!« – »Freunde? Brauch ich nicht!«

Was denn nun? Braucht man Freunde oder braucht man keine Freunde? Ja, so weit wie in unserer Überschrift liegen die Erfahrungen und Meinungen auseinander, wenn wir uns mit schlauen Füchsen und Füchsinnen über das Thema Freundschaft unterhalten.

Freundschaft, das ist ein weites Feld. Lotta, Birte und Markus zum Beispiel sagen, sie brauchen unbedingt Freunde. Oder wenigstens eine beste Freundin oder einen besten Freund. Sie können sich ihr Leben ohne wenigstens einen Freund gar nicht vorstellen. Und Lotta und Birte haben auch Freundinnen und sind froh darüber. Markus dagegen ist manchmal etwas traurig. Er wünscht sich mehr Freunde, aber irgendwie klappt das oft nicht so recht. – Urs wiederum sagt: »Ich brauch keine Freunde.« Und Fiona hat nur eine Freundin. Aber das reicht ihr auch. Sie will gar nicht so viele Freundinnen, sagt sie. So verschieden sind die Bedürfnisse.

Am besten, wir erzählen das mal der Reihe nach. Also, Lotta war es, die sagte: »Micha ist meine beste Freundin.«

»Was erwartest du von einer Freundin?«, haben wir sie gefragt.

»Sie muss lieb zu mir sein und darf mich nicht beleidigen. Sie darf nicht über mich spotten, wenn mir mal was Peinliches passiert.«

»Ist das denn schon mal vorgekommen?«

Und da erzählte Lotta diese Geschichte: Sie hatte nach dem Sportunterricht ihren Pullover aus Versehen verkehrt herum angezogen. Sie hatte es eilig gehabt. Gleich würden sie eine Mathe-Arbeit schreiben. Auf die hatte sie sich gut vorbereitet. Natürlich merkte sie es selbst nicht und die anderen Kinder offenbar erst auch nicht. Erst als Herr Winkler anfing, die Arbeitsblätter auszuteilen, fingen einige an zu kichern.

Jago, der hinter Lotta sitzt, rief in die Klasse: »Seht mal, unsere zerstreute Frau Professor!« Elsbeth aus der hinteren Reihe setzte noch eins drauf: »Wenn die beim Pullover-Anziehen bloß halb so wach wäre wie in Mathe …« Lotta wusste erst nicht, was los war. Als Herr Winkler dann auch noch grinste, auf ihren Pullover zeigte und sagte: »Wenn es dir hilft …«, sah Lotta an sich herunter und bemerkte das Missgeschick. Knallrot wurde sie. »Rot passt nicht so gut zu deinem Pullover, Lotta«, kreischte Sabrina höhnisch. Sabrina suchte sowieso immer bei anderen irgendwelche Fehler und Schwächen und hackte darauf herum, die alte Ziege.

Lotta wäre am liebsten in den Erdboden versunken. Sie war wie gelähmt und kam nicht auf die Idee, den blöden Pullover einfach schnell auszuziehen und richtig herum wieder anzuziehen. Da stand Michaela auf, zog Lotta den Pullover über den Kopf, drehte ihn um und stülpte ihn ihr wieder über. Dabei war sie die Ruhe selbst. Nun gab sie Lotta, vor der ganzen Klasse, einen Kuss auf die Backe.

Auf einmal wurde es ganz still in der Klasse. Offenbar merkte jeder der Spötter, dass es gemein gewesen war, sich über Lottas Missgeschick lustig zu machen. Auch Herr Winkler machte augenblicklich ein ernstes Gesicht und teilte geschäftig die übrigen Arbeitsblätter aus.

Ja, Micha war wirklich eine tolle Freundin. Wenn du Lotta und Micha zusammen sehen würdest, kämst du wahrscheinlich nicht auf die Idee, dass sie so dick befreundet sind. Sie sind eigentlich zwei ganz verschiedene Mädchen. Michaela mag am liebsten Nudeln mit Ketchup. Lotta dagegen könnte sich, wenn es nach ihr ginge, den ganzen Tag von Milchreis mit Schokostreuseln ernähren. (Lottas Mutter ist übrigens Zahnärztin und diskutiert ständig mit Lotta darüber, wie ungesund Milchreis mit Schokostreuseln für die Zähne ist. Aber kochen tut sie ihn trotzdem immer.) Michaela mag Bücher nicht. Es ist ihr zu anstrengend, darin zu lesen. Lotta ist eine Leseratte und sie hat in ihrer Schule schon mal einen Preis gewonnen beim Vorlesewettbewerb. Michaela ist zwei Jahre älter als Lotta. Weil sie mal sitzen geblieben ist und weil sie einmal ziemlich krank war, ist sie jetzt in der gleichen Klasse wie Lotta. Michaela ist kein hochbegabtes Kind. Aber sie ist die Zuverlässigkeit und Einfühlsamkeit in Person.

So wie Lotta haben übrigens viele hochbegabte Kinder Freundinnen oder Freunde, die etwas älter sind. Oder manchmal auch sehr viel älter. So ist Maximiliane, genannt Maxi, mit Alina sehr befreundet. Die ist sogar vier Jahre älter als Maxi. Mit Alina kann Maxi am besten über ihr Hobby reden, weil Alina das gleiche Hobby hat: die Musik von Wolfgang Amadeus Mozart. Die Kinder in Maxis Klasse wissen gar nicht, wer Mozart war. Oder sie interessieren sich jedenfalls nicht für seine Musik. Maxi spielt Geige und Alina spielt Klavier. Neuerdings erfinden sie gemeinsam Musikstücke. Leider interessiert sich kein Mensch dafür. Wenn die beiden Freundinnen ihre Kompositionen ausprobieren, kreischt Maxis ältere Schwester durch die Tür: »Das nervt!« Jetzt dürfen sie jeden Mittwoch Nachmittag im Musikzimmer der Gesamtschule von Alina proben.

Wenn man ältere Freunde hat und die anderen Kinder kriegen das mit, dann finden sie daran garantiert etwas auszusetzen: »Lass mal, die geht sowieso bald ins Altersheim«, zischte Mariann einmal hinter Maxi her. »Wir sind ihr halt nicht fein genug«, erwiderte ein Junge. Maxi war sehr traurig darüber. Es war nicht ihre Absicht gewesen, die Kinder in ihrer Klasse zu kränken. Aber sie konnten sich eben nicht vorstellen, dass man auch andere Interessen haben konnte außer zu tratschen und »abzuhängen«. Einmal wollte Maxi den anderen zeigen, dass sie nichts gegen sie hatte, und lud fast die gesamte Klasse zu ihrem Geburtstagsfest ein. Und was passierte? Keiner kam! Kein einziger. Am nächsten Tag hatte jeder eine andere Ausrede.

Jakob sagt, es sei zwar leichter, mit Kindern Freundschaft zu schließen, die auch hochbegabt sind, weil man sich meistens auf Anhieb gut verstehe. Aber er hat auch »ganz normale« Freunde. »Man muss nur ein Thema finden, für das sich beide interessieren«, meint er. Stimmt. Freunde müssen ja nicht alle Interessen teilen. So wie Lotta und Micha, die total verschieden und trotzdem enge Freundinnen sind. Lotta und Micha haben übrigens nicht einmal gemeinsame Interessen. Sie reden nur einfach für ihr Leben gern miteinander. Stundenlang können sie sich gegenseitig erzählen, was sie erlebt haben oder was ihnen so alles durch den Kopf geht. Und die andere hört immer sehr aufmerksam zu.

Jetzt zu Urs: Urs hat beim Interview gesagt: »Ich brauche keine Freunde.« Er möchte am liebsten seine Ruhe haben. Nachmittags untersucht Urs Mineralien und Pflanzen mit dem Mikroskop. Da könnte er es nicht haben, wenn dauernd einer klingelt oder anruft und fragt: »Kommst du raus zum Spielen?«

Ob er denn seine Entdeckungen, die er mit dem Mikroskop macht, nicht manchmal mit jemandem teilen möchte?

»Nö.« Aha.

Wie er denn auf die Sache mit dem Mikroskop gekommen sei?

»Wir waren mal im Naturkundemuseum. Da war ein alter Mann. Der hat für die Besucher seltene Steine mit einem Diamantschleifer aufgeschnitten und uns gezeigt, dass da manchmal kleine, funkelnde Kristalle in so einem Stein sein können. Obwohl der von außen ganz normal aussieht.«

Ob er denn mit dem Mann ins Gespräch gekommen sei?

»Nö.« Oh, ja (wir hatten gar nicht mit so einer ausführlichen Antwort gerechnet).

»Nur manchmal gehe ich hin. Er ist immer samstags da. Und dann sehe ich ihm zu.«

Nur zusehen?

»Ja. Gequatsche brauch ich nicht.«

Okay, Urs. Der alte Mann scheint für dich also doch so etwas wie ein Freund zu sein. Ein heimlicher Freund. Einer, mit dem du gar nicht zu reden brauchst. Weil, er hat ja die gleichen Interessen wie du. Ihr versteht euch ohne überflüssiges Gequatsche. Warum nicht?

Ob er denn aber noch nie einen Freund zum Reden gehabt habe?

»Naja. In der zweiten Klasse mal. Der war behindert. Lief irgendwie so komisch. Mit dem hab ich immer Karten getauscht. Dann kam der auf eine andere Schule.«

Ob das der einzige war, den er näher kannte.

»Gekannt habe ich sie alle«, sagt Urs.

Oh. Wie ging das denn?

»Ja, schon in der ersten Klasse hab ich mich in der großen Pause auf dem Schulhof ganz an den Rand gestellt und habe die anderen Kinder genau beobachtet. Ich wusste alles. Von jedem. Wie er drauf war. Was er gerne spielt. Wie er sich verhält. Ja, ich kannte sie alle.«

»Und dich? Wer hat dich gekannt?«

»Ich glaube keiner. Aber ich wollte das eigentlich auch nicht.«

»Dir hat das dann gereicht, so alle zu kennen.«

»Klar. War anstrengend genug, alle zu kennen.«

»Du wolltest nicht auch noch mit ihnen spielen.«

»Genau.«

Fast alle Kinder bis auf einen Jungen haben gesagt, dass sie nicht nur schlaue Füchse als Freunde haben wollen, sondern auch ganz normale Kinder. Ja, dass sie erst mal gar nicht darauf achten, wie gescheit einer ist. Nur, dass es halt manchmal schwer fällt, Freundschaft zu schließen. Manche Kinder verstellen sich, um Freunde zu bekommen. So tat Mira immer so, als ob sie Barbiepuppen mag. Weil ein Mädchen aus der Parallelklasse, das Mira ganz nett fand, jeden Tag in der Pause von ihren Barbiepuppen erzählte. Mira fand Barbiepuppen eigentlich blöd. Sie hatte auch keine Ahnung von der Barbiewelt. Irgendwann kam das raus. Das Mädchen aus der Parallelklasse wollte dann nichts mehr von Mira wissen. Seitdem verstellt sie sich nicht mehr, »weil das ein Quatsch ist«, sagt sie.

Paavo, dessen Vater aus Finnland stammt, sagt: »Man braucht sich nicht anzupassen und man braucht sich auch nicht zu verstellen. Man muss nur aufpassen, dass man als schlauer Fuchs anderen nicht auf die Nerven geht. Früher hab ich zu meinen Geburtstagsfesten mir immer neue Spiele mit komplizierten Regeln ausgedacht. Oder ich hab Quizspiele entworfen. Irgendwann hab ich dann gemerkt, dass das keinen Menschen interessierte. Einige fanden damals meine Geburtstagsfeste langweilig und anstrengend zugleich, haben sie gesagt. Und sie seien ja jetzt nicht in der Schule, sondern zum Vergnügen hier. Naja, seitdem mach ich das anders herum: Ich frage die Leute, die ich zum Geburtstag einlade, was sie spielen wollen. Dann organisiere ich das, dass wir das spielen, was die sich gewünscht haben. Seitdem finden die meine Geburtstagsfeiern spannend.«

»Und du?«

»Na, spannend nicht, aber ich freue mich, dass die Leute gerne kommen.«

Ja, das Thema Freundschaft ist wirklich ein weites Feld. Ein Junge fragte einmal: »Warum kann man nicht automatisch mit jedem befreundet sein?« Ganz einfach: Weil das ganz schön nervig wäre. Stell dir vor, du willst mit deinem Freund ein kleines Geheimnis teilen. Dass du zum Beispiel, obwohl du schon Zehn bist, gerne noch den Teddy mit ins Bett nimmst, den deine Oma dir geschenkt hat, als du noch im Kindergarten warst. Das ist etwas, das erzählt man höchstens einmal in der Pause seiner besten Freundin oder seinem besten Freund. Und zwar hinter vorgehaltener Hand. Leise. Damit es sonst keiner mitbekommt. Sonst würdest du dich schämen. Du erzählst es ja nur deswegen deinem Freund, weil du weißt, dass du dich vor ihm nicht zu schämen brauchst. Und dein Freund oder deine Freundin würde dann vielleicht durchblicken lassen, dass er oder sie nachts Licht auf dem Flur braucht, weil er oder sie eben etwas Angst im Dunkeln hat. – Wenn nun alle in der Klasse deine Freunde wären, müsstest du dich ja vorne an die Tafel stellen und in die Meute rufen: »Ich nehm übrigens immer noch den alten, zerfledderten Teddy mit in mein Bett, den meine Oma mir geschenkt hat, als ich noch im Kindergarten war!« Und, da alle deine Freunde wären, würde es, wahrscheinlich durcheinander, zurückschallen: »Und ich meine erste Puppe.« »Und ich nuckle manchmal an meiner Bettdecke!« »Und ich wache manchmal nachts auf und mein Bett ist nass!« – Also irgendwie geht das nicht. Es wäre albern. Und es wäre nicht mehr Freundschaft. Denn zur Freundschaft gehört Vertrautheit und dass man sich gegenseitig versteht und dass man weiß: »Dieses Geheimnis vertraut mir Mira (Jürgen, Addi) an, weil sie mich unter all den anderen am vertrauenswürdigsten findet.« Es ist mit anderen Worten eine Auszeichnung, dass sie es gerade mir erzählt und dass gerade ich ihre Freundin bin.

Wir können nicht mit allen befreundet sein. Denn jeder ist ein eigener Mensch. Jeden gibt es nur ein Mal. Und mein Freund ist der, der mich in meiner Einmaligkeit erkennt und versteht und mag. Wenn jeder mit jedem befreundet wäre, gäbe es keine Einmaligkeit, jedenfalls keine Anerkennung dafür. Dann wären alle gleich. Jeder wüsste alles von jedem. Dann könnte man sich gleich in ein Glashaus setzen. Wir haben manchmal auch kleine Geheimnisse, die nicht jeden was angehen. Freunde haben wir, damit sie uns helfen, die kleinen Geheimnisse zu tragen. Und damit wir in unseren eigenen Meinungen und Ansichten bestätigt und akzeptiert werden. Von jemandem, der unser Innerstes kennt und schätzt.

Wie kompliziert die Sache mit der Freundschaft gerade für schlaue Füchse sein kann, zeigt die Geschichte um Hannes, die Anna aus unserer Buchwerkstatt geschrieben hat. Wir sind froh, dass diese Geschichte ein gutes Ende fand. Hier ist die Geschichte. Sie heisst »Die Hänselei«:

Er heißt Hannes, ja so heißt er! Hannes, das ist der Junge, über den ich jetzt eine Geschichte schreiben werde. Nun, Hannes war eigentlich ein ganz normaler Junge, außer dass er hochbegabt war. Nur leider wusste er es nicht und da gab es auch noch seinen

Bruder, der von allen geliebt wurde, weil er bessere Noten schrieb, und jetzt sind wir schon beim Thema.

Es war wie gewöhnlich ein ganz stinknormaler Tag in der 4b, doch gestern Abend hatte Hannes eine Dokumentation über hochbegabte Kinder gesehen und er hatte festgestellt, dass er doch eigentlich genauso war wie die im Fernsehen und wunderte sich, dass noch nie auch nur jemand vermutet hatte, dass er auch so einer war. Von diesem Moment an versuchte er, allen klar zu machen, dass er auch hochbegabt sei, doch da kam zu allem Überfluss sein Bruder hinzu und sagte: »Warum solltest ausgerechnet Du hochbegabt sein, wenn ich immer die besseren Noten geschrieben habe, na, da bist du ratlos!« Und so gingen alle weg, alle, nein nicht sie, sie, Natalia war die einzige, die ihm glaubte! Und so nahm alles seinen Lauf: Natalia wurde Hannes Freundin und er wurde von nun an gehänselt und alle außer den beiden glaubten, dass Hannes Bruder hochbegabt war.

Nun hatte eines Tages die Lehrerin die Hänselei gesehen, aber sie kümmerte sich nicht weiter darum und wollte es dem Schicksal überlassen. Und dann passierte ein Unglück. Es hängt damit zusammen, dass Hannes und Natalia ihre Freundschaft bisher geheimgehalten hatten. Aber nun zum Unglück. Eines schönen Tages spielten Hannes und Natalia im Vorgarten, als Luisa, Natalias Freundin, vorbei kam, um zu fragen, ob sie Zeit und Lust hätte, mit ihr zu spielen und da geschah es: Luisa sah Hannes und Natalia, wie sie vergnügt zusammen spielten. Luisa dachte, es wäre eine Halluzination, wollte aber, wenn möglich, nichts riskieren und deshalb rannte sie zurück nach Hause. Auch wenn es nur eine Straße weiter war, verstand sie die Situation und hatte eine Idee, mit der sie sich für die geheime Freundschaft rächen würde und erzählte allen von der geheimen Freundschaft. Seitdem wurden die beiden nur noch gehänselt. Eines Tages kam eine Frau vom Schulverein zu Besuch, denn sie wollte mal wieder eine Aufgabe stellen, von der sie glaubte, dass sie nur Hochbegabte verstehen können. Und so lautete die Aufgabe: Immer zwei sollen versuchen, sich in einem mindestens 15 Minuten langen Gespräch über das Pausenbrot zu unterhalten. Und ratet mal, wen sie entdeckte: natürlich Hannes und Natalia. Beide wurden getestet und beide waren hochbegabt, und zu deren beider Glück kamen sie auf ein Internat speziell für Hochbegabte. Und so endet die Geschichte.

Und wenn sie nicht gestorben sind, dann unterhalten sie sich noch heute.

Zum Schluss noch eine Beobachtung: In den Gesprächen und Interviews zum Thema Freundschaft bekamen wir den Eindruck, dass viele schlaue Füchse und Füchsinnen nur *einen* Freund beziehungsweise nur *eine* Freundin brauchen (und meist auch haben). Dass sie aber selten viele Freunde gleichzeitig haben. Oder dass sie ungern jeden Nachmittag mit einer Clique losziehen. Das hat vielleicht damit zu tun, dass sie sich sowieso nicht so gerne Gruppen anschließen. Manche macht das unfrei. Mehr darüber kannst du in dem Kapitel »Sei doch nicht so stur!« nachlesen.

→ Was bedeutet Freundschaft für dich? Was ist dir an einem Freund oder einer Freundin wichtig? Und vielleicht magst du mal darüber nachdenken, was deinem Freund oder deiner Freundin an dir wichtig ist.

Erwischt, Herr Dombrowski!

Wahrscheinlich geht es vielen Kindern so, aber von schlauen Füchsen haben wir es besonders oft gehört: Sie merken, wenn Erwachsene mal unehrlich sind. Was sollen sie dann damit bloß machen?

Stefanie zum Beispiel erzählt, warum sie Herrn Dombrowski in letzter Zeit lieber aus dem Weg geht. Herr Dombrowski ist ein Nachbar. Er wohnt zwei Häuser weiter mit seiner Familie. Seine Tochter Pia und Stefanie sind Freundinnen. Wenn sie zusammen sind, und das ist fast jeden Nachmittag, spielen sie »Pferdehof«, weil beide Pferde sehr mögen.

Wenn die Dombrowskis von Stefanies Eltern zum Grillen eingeladen sind (oder anders herum), ist Herr Dombrowski immer superfreundlich, macht dauernd Späßchen und sagt mindestens fünf Mal an so einem Grillabend, wie gern er in dieser Reihenhaussiedlung wohnt und wie nett er alle Nachbarn findet und was das für eine tolle Kameradschaft sei in der Nachbarschaft. Stefanie fiel auf, dass seine Stimme immer noch etwas lauter wird, wenn er das sagt. Dabei rollt er ganz verzückt die Augen. Stefanie hatte in letzter Zeit schon öfter das Gefühl, dass da etwas nicht stimmt. »Er ist wie ein Schauspieler«, dachte sie bei sich, »wie ein Schauspieler, der das Publikum davon überzeugen will, wie toll er die Nachbarn findet.«

Natürlich konnte Stefanie mit Pia erst mal nicht darüber sprechen. Schließlich war Herr Dombrowski ihr Vater. Zu ihren Eltern sagte sie auch nichts darüber. Sie beobachtete diese aber genau, ob sie Herrn Dombrowskis Esistallessotoll-Nummer auch komisch fanden. Aber ihre Eltern schienen seine Übertriebenheit nicht zu bemerken.

Von Pia hatte Stefanie gehört, dass Herr Dombrowski mit einem anderen Nachbar Streit habe, weil der seine Mülltonnen immer in Dombrowskis Garageneinfahrt stellt. Als er auch danach immer noch von der tollen Nachbarschaft schwärmte – und das jetzt in noch schrillerer Tonlage –, war sich Stefanie sicher, dass Herr Dombrowski schwindelte. Er machte ihren Eltern was vor.

Aber wieso?

Jetzt wurde er Stefanie geradezu unheimlich. Vor allem aber spürte sie diese Unechtheit nun fast immer, wenn sie ihn sah. Es tat ihr besonders für Pia leid. Sicher ein blödes Gefühl, wenn man so einen unehrlichen Vater hat. Aber merkte es Pia eigentlich? Vielleicht sollte sie doch mit ihr darüber sprechen?

Stefanie konnte sich nicht denken, weshalb Herr Dombrowski so schauspielerte. Wie auch? Vielleicht wollte er selbst einfach nur beliebt sein in der Nachbarschaft?

Es ging ihr öfter so, auch mit anderen Menschen. Sie spürte, wenn jemand nicht die Wahrheit sagte, wenn irgendetwas nicht stimmte, wenn Erwachsene trotz ständigen Quasselns etwas verbargen, um andere irrezuführen. Oder belogen sich Erwachsene hin und wieder selbst? Manchmal zweifelte Stefanie an sich: »Vielleicht spinne ich ja«, dachte sie. »Vielleicht bilde ich mir das alles nur ein. Stimmt etwas mit mir nicht?« Ihr Vater arbeitete in einem Krankenhaus und hatte einmal davon erzählt, dass es Menschen gibt, die etwas sehen oder hören, was es gar nicht gibt. Die sind dann richtig krank.

Leider führte Stefanies »Röntgenblick«, mit dem sie andere Leute durchschauen konnte, als wären sie aus Glas, dazu, dass sie überhaupt misstrauisch wurde. Nicht nur misstrauisch mit Erwachsenen, sondern auch mit sich selbst. War *sie* denn immer ehrlich? Hatte sie nicht auch schon mal geschwindelt? Sie nahm sich vor, immer ehrlich zu sein und zu sagen, was sie wirklich denkt.

Richtig, also musste sie auch mit Pia ehrlich sein. »Was ist eigentlich mit deinem Vater?«, fragte sie eines Tages.

»Wieso? Der ist okay.«

Ui, wie jetzt weitermachen?

»Ist er denn immer okay?«

»Was meinst du? Ob es ihm gut geht? Ach so. Nee, das wohl nicht. Er hat viel Stress auf der Arbeit, glaube ich, irgendein Streit mit Kollegen. Er ist immer froh, wenn er mit Freunden und Nachbarn zusammen ist. Das lenkt ihn ab von seinem Stress.«

Also, das war es. Stefanie hatte doch richtig gespürt, dass etwas nicht stimmte. Jetzt konnte sie Herrn Dombrowski auch verstehen. Trotzdem war er ihr nicht ganz geheuer. Warum sagt ein Erwachsener nicht einfach klar, wie es ihm geht? Wird man so, wenn man erwachsen ist? Dann wollte Stefanie lieber nicht erwachsen werden.

Dummerweise weitete sich Stefanies »Röntgenblick« aus. Auch wenn sie das gar nicht wollte, »sah« sie die kleinen Unehrlichkeiten der Erwachsenen. Die Unehrlichkeiten vor anderen und die Unehrlichkeiten vor sich selbst. Das bedrängte sie richtig.

Wenn Tante Erna die Familie zu Kaffee und Kuchen eingeladen hatte, spürte sie genau, dass eigentlich keiner Lust hatte dazu, ihre Eltern nicht, ihre Onkel nicht und Tanten auch nicht. Aber alle taten so, als sei es ein Superereignis, bei Tante Erna Schwarzwälderkirschtorte zu mampfen.

Herr Dengler, ein anderer Nachbar, hatte einen kleinen Autounfall. Er hatte einen Mopedfahrer angefahren. Voller Empörung erzählte er Stefanies Vater, wie dämlich sich der Mopedfahrer verhalten hatte, schwadronierte über die jungen Leute, die keine Erfahrung im Verkehr hätten, aber herumkurvten, als gehöre die Straße ihnen.

»Herr Dengler«, fragte ihn Stefanie in Gedanken, »kann es sein, dass Sie nur ein schlechtes Gewissen haben? Waren Sie vielleicht selbst Schuld an dem Unfall?« Aber wirklich fragen konnte sie ihn natürlich nicht. Als Kind sowieso nicht. Aber Erwachsene schienen sich so etwas auch nicht gegenseitig zu fragen. Falls sie solche Unehrlichkeiten überhaupt bemerkten. Diese Frage war ja noch offen.

Stefanie fühlte sich sehr alleine mit ihrem »Röntgenblick«.

Manchmal dachte sie: »Es gibt offenbar noch eine andere Welt. Über die spricht aber keiner.« Das machte sie unsicher.

Das einzige, was sie tun konnte, war, selbst ehrlich zu sein. Wenn Ihre Freundin Vickie stolz mit ihrem neuen Kleid auf der Straße aufkreuzte und erwartete, dass es alle auch so toll fanden wie sie selbst, war es Stefanie, die freundlich, aber trocken sagte: »Du siehst leider ziemlich beknackt aus darin.« Vickie heulte natürlich sofort los und sprach tagelang nicht mehr mit Stefanie. Erst Wochen später konnte ihr Stefanie erklären, dass sie so offen sein wollte, *weil* Vickie ihre Freundin ist. Ob Vickie das verstanden hat, wissen wir nicht.

Als Tante Ernas Geburtstag nahte und somit mal wieder diese öde Schwarzwälderkirschtortenparty anstand, sagte Stefanie zu ihren Eltern: »Ich hab keine Lust hinzugehen.«

»Wieso nicht?«

»Weil ihr und Onkel Heinz und Onkel Johannes und Tante Martha keine Lust habt, aber dort so tut, als fändet ihr es super.«

Stefanies Vater schluckte. Nach einer Schrecksekunde sagte er: »Ich glaube, du hast recht. Das sollten wir Tante Erna eigentlich nicht antun.« Stefanies Mutter war aber dagegen abzusagen. Da wäre Tante Erna ja sehr traurig gewesen. Stefanie hatte eine Idee: »Wir könnten ja wirklich Theater spielen.« Und so studierten sie einen kleinen lustigen Sketch ein, den sie bei Tante Ernas Geburtstag aufführen wollten. Als Geschenk für Tante Erna.

Das war das erste Mal, dass Stefanie etwas auf Grund ihres »Röntgenblicks« gesagt hatte. Es war gut gegangen. Jetzt war sie nicht mehr so allein damit.

→ **Was denkst du? Soll man immer ehrlich sein, wenn man sieht, dass jemand unehrlich ist?**

Gibt es eigentlich hochbegabte Kakadus?

Jawohl. Gibt es. Folgende Geschichte ist der Beweis.

Jolus (die Kakadus geben ihren Kindern andere Namen als wir Menschen) sah nicht anders aus als jeder Kakadu in seiner ungefähr 50-köpfigen Großfamilie: grau-rosa Gefieder, ein starker Hakenschnabel, zwei Zehen vorne am Fuß, zwei hinten, gelbliche oder rötliche Federhaube. Aber Jolus fiel von Kindesflügeln an aus der Rolle: Während alle anderen in den Bäumen lebten, von Ast zu Ast flogen, Früchte von den Zweigen aufpickten, sich zum Spaß kleinen Verfolgungsjagden durch die Baumkronen hingaben, zog Jolus es vor, sich am Boden fortzubewegen, indem er in atemberaubendem Tempo einen Purzelbaum an den anderen reihte.

»Der hat sie wohl nicht alle«, sagten schon die Kinder-Kakadus im Kakadu-Kindergarten. Jolus machte das damals nichts aus. Für ihn war es normal, in Purzelbäumen über den Urwaldboden und die Bergabhänge hinunter zu rasen. In der Kakaduschule wurde es etwas schwieriger: Die Lehrerin verlangte von ihm, er solle »erst mal« anständig fliegen wie die anderen auch. Wenn er das könne, dürfe er ja gerne seine komischen Purzelbäume machen. Einige Mitschüler lachten ihn aus. Andere hatten Mitleid. Diese dachten, er könne gar nicht richtig fliegen. Wieder andere waren neidisch.

Natürlich konnte Jolus fliegen. Schließlich war er ein Kakadu. Aber es interessierte ihn nicht. Er fand es langweilig. Manchmal flog er mit ein paar anderen um die Baumkronen, um mitspielen zu können. Eigentlich wäre es ihm lieber gewesen, seine Freunde würden mit ihm über den Urwaldboden purzeln. Aber die konnten das nicht. Es erschien ihnen sogar bedenklich und auch etwas unheimlich. So passte sich Jolus also hin und wieder an und flog mit. Aber richtig gut ging es ihm eigentlich nur, wenn er am Boden seine Purzelbaumräder schlagen konnte.

Obwohl: So besonders gut ging es ihm auch nicht. Er fragte sich nämlich immer öfter, ob etwas mit ihm nicht stimmte. Einige Kakadus sahen von oben auf ihn herab (klar, wenn sie auf den Bäumen saßen und er am Boden dahin rollte), oder sie tuschelten, er wolle wohl etwas Besseres sein.

Dazu muss man wissen, dass es für Kakadus so normal ist, sich in der Luft zu bewegen, wie es für uns Menschen normal ist, uns am Boden zu bewegen. Und wenn ein Kakadu sein halbes Leben am Boden zubringt wie Jolus, ist das für die anderen Kakadus, wie es für uns wäre, wenn unser Nachbar sein halbes Leben in der Luft verbringen würde, weil er fliegen kann. Wir würden auch denken: »Der Angeber. Ist sich wohl zu fein, am Boden zu gehen.« Und insgeheim wären wir vielleicht auch ein bisschen neidisch.

Unsere Leserinnen und Leser werden es bereits erraten haben. Jolus war hochbegabt. Für ihn nichts besonderes, aber für die anderen. Es gibt übrigens genauso viel hochbegabte Kakadus, wie es hochbegabte Menschen gibt, nämlich zwei Prozent von der Bevölkerung. Also für uns Menschen heißt das: In Deutschland zum Beispiel mit seinen etwa 82 Millionen Einwohnern (genauer: 82.310.000) leben mehr als eineinhalb Millionen Hochbegabte (1.646.200), Kinder und Erwachsene zusammen gerechnet. Das sind ziemlich viel. In so einem Mini-Staat wie Monaco (wo immer diese Autorennen sind und ein Mal im Jahr das Zirkusfestival stattfindet) mit seinen 33.000 Einwohnern, wohnen immerhin auch noch 660 Hochbegabte. Das ist mehr, als in eine normale Turnhalle passt (oder sie müssen sehr dicht gedrängt zusammen stehen). Und auf der ganzen Welt mit ihren sechs Milliarden sechshundert Millionen Einwohnern (die Zahl sieht so aus: 6.600.000.000) tummeln sich einhundertzweiunddreißig Millionen Hochbegabte (132.000.000). Wenn die sich alle treffen würden zu einem großen Hochbegabten-Fest, sagen wir mal in Hamburg an der Alster, dann würde das Alsterufer einfach platzen.

Also, und bei den Kakadus ist es auch so: zwei Prozent sind hochbegabt. Da die Kakadus in Großfamilien oder Schwärmen von 50 bis 100 Mitgliedern leben, muss es also logischerweise unter 50 Tieren ein hochbegabtes geben, unter 100 Tieren zwei. Das Dumme ist nur, dass Kakadus nicht zählen können. Sie können eine Menge Kunststückchen. Einige ahmen sogar Geräusche oder Töne nach, die sie aufschnappen. Besonders erfahrene Kakadus benutzen Werkzeuge: Sie halten mit ihren Krallen eine harte Nuss fest und klopfen damit auf die Schale einer Frucht, bis diese aufplatzt und sie ihr Fruchtfleisch essen können. Aber zählen können sie nicht. Es interessiert sie auch nicht. Nicht einmal die Lehrer in den Kakadu-Schulen. Deshalb gibt es auch keinen Mathe-Unterricht. Würden sie aber mal durchzählen, wie viel von ihnen zum Beispiel in Sulawesi leben (das ist eine Insel der indonesischen Inselgruppe mit rauchenden Vulkanen, Urwald und Gebirgen, und ziemlich weit weg – von Singapur aus fliegt man immer noch vier Stunden, bis man endlich da ist), und würden sie gleichzeitig zählen, wieviel purzelbaumschlagende Kakadus es unter ihnen gibt, dann würden sie selbst merken, dass sie zwei Prozent hochbegabte Kakadus haben.

Da sie also nicht zählen, denkt so ein Schwarm von 50 Vögeln, dass ein purzelbaumschlagender Kakadu wie Jolus der einzige auf der Welt überhaupt ist. Und so ein Jolus denkt das auch. Auch er, obwohl er hochbegabt ist, kann nicht zählen. Hochbegabung bei Kakadus äußert sich darin, dass solche Tiere dauernd Purzelbäume schlagen wollen und das auch mit großer Geschicklichkeit und Geschwindigkeit können. Das ist alles. Sonst sind sie ganz normal.

Das ist also der Grund, weshalb Jolus anfing, an sich zu zweifeln und sich manchmal sogar schämte, und weshalb die anderen ihn teils auslachten, teils beneideten, teils bemitleideten. Die Neidischen registrierten, dass Jolus Dinge kennenlernte und wusste, von denen sie nicht mal geahnt hatten, dass es sie gibt. Nehmen wir nur ein Beispiel: Jolus entdeckte schon als Kind, dass es riesige, fette Regenwürmer auf oder dicht unter dem Urwaldboden gab. Er fraß sie nicht. Kakadus sind Vegetarier aus Überzeugung, aber er liebte es, mit ihnen zu spielen Er zupfte sie vorsichtig aus dem

Boden, warf sie in die Luft und fing sie wieder ein (Wie die Regenwürmer das fanden, wissen wir allerdings nicht).
Mit der Zeit konnte Jolus die verschiedenen Regenwurmarten unterscheiden. Er beobachtete, dass die eine Sorte kleine Erdhügel bevorzugte, eine andere sich lieber zwischen feuchtem Gras tummelte, die dritte Sorte es aber vorzog, unter Steinen zu leben (wohl weil sie dachte, sie wären da sicher vor hochbegabten Kakadus). Wenn Jolus seinen Freunden von den Regenwürmern erzählte, sagten die nur: »Hä?«

So schämte er sich also. Er dachte, es sei nicht in Ordnung, sich mit Regenwürmern zu beschäftigen. Und viele andere Kakadus dachten das auch. Außerdem schämte sich Jolus mit der Zeit, weil er nicht ganz so geschickt fliegen konnte wie die anderen. Klar, da er selten flog, hatte er nicht so viel Übung darin. So wurde er manchmal ausgelacht. Andererseits schämte er sich auch, weil es ihm möglich war, Dinge zu entdecken, die andere eben nicht entdecken konnten.

Als Jolus älter wurde, nahm seine Geschichte eine schöne Wendung: Irgendwann merkten die anderen Kakadus, dass Jolus von da unten manchmal Früchte mitbrachte, die sie zuvor nicht gekannt hatten und die außerordentlich gut schmeckten. Jolus wiederum freute sich, als er erst ab und zu und bald immer öfter gefragt wurde: »Jolus, bringst du uns heute vom Boden wieder von diesen kleinen saftigen Beeren mit?« Sie revanchierten sich, indem sie ihn rücksichtsvoll in die Mitte des Schwarms nahmen und ihn, sich seinem Tempo anpassend, zu anderen Gebieten geleiteten, damit er dort neue Früchte vom Boden holen konnte.

So hatten beide Seiten etwas davon. Der Schwarm bekam erlesene Früchte und Beeren, an die er sonst nicht gelangt wäre, und Jolus wurde immer geschickter im Fliegen. Bald wusste er, dass er sich nicht mehr zu schämen brauchte. Und als sein Schwarm einmal von einem entfernten Verwandten aus einem anderen Schwarm Besuch bekam, und der mit offenem Schnabel Jolus am Boden dahinrollen sah, rief Jolus hinauf: »Ich bin eben hochbegabt.«

»Ja«, riefen die anderen, »er ist unser Entdecker.«

Dazuhin wurde Jolus irgendwann klar, dass es ja noch andere Ausnahme-Kakadus gab, die sich vielleicht auch manchmal schämten, weil sie ein bisschen anders waren. Albinos zum Beispiel. Albinos sind Kakadus, die entgegen der Vorschrift nur weißes Gefieder haben. Selbst die Haut an ihren Füßen ist weiß. (Das gibt es übrigens auch bei Menschen – also nicht Menschen mit weißem Gefieder, aber mit weißer Haut und weißen Haaren, auch wenn sie noch gar nicht alt sind. Auch unter Hirschen, Tigern usw. kann man manchmal schneeweiße Exemplare finden.) Also solche Albinos fallen genauso auf wie ein purzelbaumschlagender Kakadu. Auch hier denken die anderen: »Der will wohl was Besseres sein.«

Oder es gab Kakadus – das wusste Jolus allerdings nur aus den Erzählungen der Alten in seinem Schwarm –, die fünf statt vier Zehen hatten. Die hatten es auch nicht leicht. Die waren zwar viel geschickter beim Greifen als die anderen, andererseits waren sie aber etwas unbeholfen, wenn es darum ging, sich zu kratzen. Sie mussten dann immer ziemlich lange überlegen, welchen Zeh sie dafür jetzt nehmen sollten, zumal sie, wie gesagt, nicht zählen konnten.

→ Unsere Geschichte hat eigentlich kein Ende. Denn wir können ja nicht sämtliche Erlebnisse, Erfahrungen und Gedanken aufschreiben, die in Jolus Leben vorkamen. Aber vielleicht hast du, liebe Leserin oder lieber Leser, Lust dazu, Jolus' Geschichte weiterzuspinnen.

»Warum nur bin ich hochbegabt?«

Lieber Himmel, *das* ist eine Frage. Kurz sei erzählt, wie sich diese schwerwiegende Frage in unserer Buchwerkstatt Gehör verschafft hat.

Es war ein heißer Frühlingsnachmittag. Wir hatten diskutiert und Erfahrungen ausgetauscht zum Thema »Freundschaft«. Nun waren wir alle etwas erschöpft und unsere Konzentration hatte deutlich nachgelassen. Als letzten Punkt auf der Tagesordnung stand an, Vorschläge zu sammeln, wie das Buch, an dem wir arbeiteten, eigentlich heißen sollte. Teils ernsthaft, teils augenzwinkernd tauchten Vorschläge auf wie: »Die Kiste der Hochbegabten«, »Die Hochbegabten von einem anderen Stern« oder: »Hochbegabung – Büffelei oder Lust?«.

Lisa hatte sich in die Spielecke unseres Gruppenraums still zurückgezogen und malte mit den Fingern im Tisch-Sandspielkasten. In einer Gesprächspause ließ sie sich mit einem Mal aus ihrer Ecke vernehmen mit dem Titelvorschlag: »Warum bin ich hochbegabt?«

Es gibt Fragen, die man nicht einfach mal eben so beantworten kann. Schon weil hinter der Frage das Bedürfnis steht, den Sinn einer solchen Besonderheit zu verstehen. Welchen Sinn hat es für mein Leben, dass ich hochbegabt bin? Solche Fragen, für die es wahrscheinlich viele und ganz verschiedene Antworten gibt, solltest du vielleicht so behandeln wie den Samen einer Pflanze, den du gefunden hast: Du steckst den Samen in einen Blumentopf mit guter Erde, gießt ab und zu und – wartest ab, was sich da entwickelt. So kannst du eine solche Frage in deinem Herzen einpflanzen. Du trägst sie mit dir herum, sinnierst manchmal darüber nach, manchmal überlässt du die Frage sich selbst und wartest ab, was daraus wird. Auf diese Weise kann es zum Beispiel sein, dass du von so einer Frage auch einmal träumst. Und Träume können ja unter Umständen eine andere Art von Antwort geben oder zumindest die Richtung anzeigen, in welcher Antworten gefunden werden können.

So wollen wir dir, liebe Leserin, lieber Leser, einfach drei Träume erzählen.

Im ersten Traum wurde Lisas Frage einem König zur Beantwortung vorgelegt. Dieser König, der ein guter König war, gerecht, aber auch streng, war sehr auf das Wohl seiner Untertanen bedacht. Unermüdlich sorgte er dafür, dass alle Arbeit hatten; wo nötig, schlichtete er ihren Streit, und stets war er auf die wirtschaftliche Weiterentwicklung seines Landes bedacht.

Nun saß er also mit seinen 72 Ministern in seinem Thronsaal und beriet mit diesen über die aktuellen Fragen seines Königreiches. Der Minister für gutes Wetter hatte gerade von einer Erfindung eines Untertanen erzählt, mit der man aufziehende Regenwolken vertreiben konnte, und der König stellte sofort eine große Menge Geldes dafür zur Verfügung, um diese Regenwolkenvertreibmaschine weiterzuentwickeln. Die Ministerin für gebrauchte Bücher hatte Bericht erstattet über den Preisanstieg bei gebrauchten Büchern und dass das Königreich eine Menge Steuern einnehme vom Verkauf gebrauchter Bücher, während an neuen Büchern so wenig verkauft würde, dass hierdurch kaum mehr Steuern zu bekommen seien. Der König beschloss daraufhin, dass alle neuen Bücher von extra dafür anzustellenden Berufslesern einmal durchzulesen seien und dann als gebrauchte verkauft werden sollten. So würde jedes Buch für die Schatzkiste des Königreiches mehr Geld einbringen.

Schließlich meldete sich der Minister für schwierige Fragen. Er habe da eine Zuschrift erhalten von einem Mädchen, welches offenbar in manchen Bereichen deutlich begabter sei und schneller denke als die meisten anderen Kinder ihres Alters. Und dieses Mädchen habe nun an sein Ministerium die Anfrage geschickt, weshalb sie hochbegabt sei. Einen frankierten Rückumschlag habe sie auch beigelegt, um die

Kasse des werten Ministeriums nicht unnötig zu belasten. »Oh«, sagte der König, »das ist doch ganz klar. Herr Minister, schreiben Sie diesem Mädchen, sie sei deshalb hochbegabt, damit sie neue Erfindungen machen kann, die unsrem Königreich viel Geld einbringen.«

Der Minister für Herzenstrost rutschte auf seinem Stuhl hin und her, räusperte sich mehrfach; er schien mit der Antwort nicht ganz einverstanden zu sein.

»Herr Minister für Herzenstrost, wollten Sie etwas dazu bemerken?«, fragte der König.

»Nun ... äh ... ja, königliche Hoheit. Muss denn aus jeder Begabung gleich Geld gemacht werden? Würde Ihre zweifellos äußerst scharfsinnige Antwort so ein Kind nicht unter Druck setzen?«

»Nun, jede Begabung bringt eine Verpflichtung mit sich. Die Verpflichtung, etwas daraus zu machen.«

»Ich fürchte, geliebter weiser König, das haben solche hochbegabten Kinder schon öfter gehört, dieses ›Mach was draus‹. Ist man denn nur auf der Welt, um Leistung zu erbringen? Soll man nicht auch glücklich sein?«

Der König nahm einen großen Schluck von der Limonade. »Unstrittig, lieber Minister für Herzenstrost. Aber ich meine, gerade darin kann das Glück liegen, die eigene Begabung für das Königreich gedeihlich werden zu lassen. So dass alle etwas davon haben. Ich zum Beispiel ...« – sofort nickten alle 72 Minister, noch bevor sie wussten, was der König sagen wollte –, »versuche es für alle Untertanen fruchtbar zu machen, dass mir dieses hohe Amt wie auch die Befähigung dazu ...« – wieder nickten alle 72 Minister –, »von Geburt an gegeben ist.«

»Und wie segensreich Ihr Wirken ist, großer König, zeigt ja die sehr günstige Entwicklung unseres Landes«, beeilte sich der Minister für Herzenstrost zu sagen. Insgeheim aber kam er sich etwas verloren und einsam vor in dieser erfolgs- und leistungsversessenen Kabinettsrunde, und er schwieg.

Der König bemerkte, dass seine Antwort auf die Frage des

jungen Mädchens nicht ganz befriedigte. Großzügig, wie er war, verkündete er deshalb auf der Stelle einen königlichen Beschluss: »Gleich morgen früh werde ich einen Minister für Hochbegabte ernennen. Diener! Sorgen Sie dafür, dass bereits zur nächsten Kabinettssitzung eine große Flasche Limonade mehr auf unserem Tisch steht.«

Damit war die Angelegenheit für ihn offensichtlich erledigt und er wandte sich an den Minister für Pommes frites, weil ihm zu Ohren gekommen war, dass es eine Ketchup-Verknappung in seinem Königreich gebe ....

Im zweiten Traum begegnete ein Junge auf einem Waldweg einem Narr. Der kam auf einem Esel daher geritten. An den Spitzen seiner bunten Mütze und an den Fersen seiner Samtschuhe hingen kleine Glöckchen, so dass man ihn hörte, lange bevor man ihn zu Gesicht bekam. Der Junge, der hier eigentlich ziellos herumstreifte, fragte den Narren sogleich: »Warum bin ich hochbegabt?«

Der Narr hielt seinen Esel an. »Wie? Was? Wegen dem ständigen Geklingel höre ich nicht immer so genau. Was hast du gefragt? Warum die Banane krumm ist? Ist doch ganz einfach. Der Vater der Banane war eine Gurke, oder besser ein Gurkerich, und die Mutter war eine Orange. Da konnte die Banane sich nicht so recht entscheiden, wem sie mehr nachschlagen sollte und wurde deshalb ein bisschen gerade und ein bisschen rund. Wie eine Gurke eben, die sich zur Orange krümmen möchte.«

»Warum ich hochbegabt bin, habe ich gefragt.« Der Junge wiederholte seine Frage etwas lauter.

»Ach so. Naja, du kannst eben nicht anders. So wie die Blume nicht anders kann als zu blühen und verschwenderisch ihren Duft zu verströmen. Wenn sie keiner dabei stört, heißt das.«

Der Junge wollte nicht locker lassen. »Aber warum ausgerechnet hochbegabt?«

»Nun, wärst du lieber eine Blume geworden? Dann müsstest

du nicht fragen, warum du eine Blume geworden bist, denn Blumen stellen keine Fragen.«

Der Junge versuchte es anders: »Habe ich mir das denn ausgesucht?«

»Äh … also … ach, weißt du, was? Gleich hinter mir kommt der liebe Gott geritten auf seinem Schimmel. Frag den doch.« Damit ritt der Narr weiter.

Da wachte der Junge aber auf, bevor der Schimmel um die Ecke kam.

Und schließlich der dritte Traum: Der spielt sich in einer weiten hügeligen Landschaft ab mit ausgedehnten Wiesen und kleinen Wäldern. Ein Schäfer ging gemächlich, aber festen Schrittes seiner Herde voran. So ein Schäfer, wie man sie von früher her kennt: mit langem Umhang, einem breitkrempigen Filzhut und einem langen Wanderstab, den er sich selbst geschnitzt hat. Nicht so ein Schäfer wie heutzutage, der im Off-Roader über die Landstraßen rast und ansonsten ständig Elektrozäune auf- und abbaut.

Ein Junge von zehn Jahren fragte den Schäfer: »Herr Schäfer, warum bin ich hochbegabt?«

Der Schäfer ging ruhigen Schrittes weiter, sagte erst gar nichts. Dann zeigte er mit einer knappen, aber weitreichenden Geste auf seine Herde.

»Sie sind doch alle gleich«, sagte das Kind.

»Könnte man meinen«, sagte der Schäfer jetzt. »Aber jedes Schaf gibt es nur ein Mal. Jedes hat seine Eigenheiten, seine besonderen Begabungen und auch seine eigenen Schwächen. Hier, Charlotte zum Beispiel …« – und der Junge wunderte sich, dass der Schäfer aus den annähernd eintausend Schafen offenbar jedes einzelne beim Namen kannte –, »Charlotte zum Beispiel ist immer die erste, wenn es morgens ans Aufbrechen geht. Lotus, dieses gefleckte Schaf dort drüben, macht Platz, wenn ein junges Schaf zum Grasbüschel drängt. Die anderen machen das nie. Oder Jakobine, hier hinter mir, ist so flink, dass sie als letzte zur Herde zurückrennt, wenn der Hütehund kommt. Sie weiß, dass sie so flink ist. Oder dann Mika. Sie ist nicht gerade die hellste. Sie frisst manchmal Plastikabfälle, die an einem Waldrand liegen, wenn sie nur nach irgendetwas Essbarem riechen. So hat jedes seine Eigenarten.«

»Haben Sie denn auch hochbegabte Schafe?«

»Sicher. Hochbegabte, die sofort verstehen, worum es geht, schwach Begabte, die erst verstehen, wenn alle anderen es auch verstanden haben; körperlich robuste und schwerfällig sich Bewegende; Gefräßige und weniger Gefräßige.«

»Okay. Aber was ist jetzt mit meiner Frage?«

»Ob es für dich einen Sinn macht, dass du hochbegabt bist, und welchen, das kannst du nur selbst herausfinden im Laufe deines Lebens.«

»Finden die Schafe das denn auch heraus für sich?«

»Nein. Deshalb sind sie ja Schafe. Sie wollen es gar nicht herausfinden. Sie leben einfach so, wie es ihnen gegeben ist. Sie würden sich so eine Frage nicht mal stellen. Trotzdem hat ihr Leben ja auch einen Sinn, auch wenn sie das selbst gar nicht interessiert.«

»Warum fragen nur Menschen danach?«

»Nun, weil sie keine Schafe sind. Wir Menschen haben für uns selbst Verantwortung.«

»Und meine Frage?«

»Weißt du, ich möchte dir vorschlagen, dass du diese Frage aufschreibst, sie gut verwahrst und sie dir, sagen wir, alle sechs bis sieben Jahre erneut vorlegst.

Du wirst sehen, dass du *deiner* Beantwortung dieser Frage immer näher kommst. Und du wirst verstehen, dass du dir diese Frage nur selbst beantworten kannst. Und dass deine Antwort darauf eine ist, die über viele Jahre und Jahrzehnte wächst.«

Das befriedigte den Jungen nun gar nicht. »Ich will es aber jetzt wissen.«

»Dann musst du einen Hellseher fragen, der in die Zukunft schauen kann. Der wird dir vielleicht sagen können, wie du so in fünfzig oder sechzig Jahren zu dieser Frage denkst.«

Langsam ging der Junge, der sich einige Zeit neben dem Schäfer gehalten hatte, in eine andere Richtung. Also, einen Hellseher finden …

Der Schäfer sagte noch: »Ist schon klar, dass solche Kinder wie du alle Fragen sofort und gründlichst beantwortet haben wollen…«

»Jaja, das höre ich von meiner Mutter auch immer«, dachte sich der Junge, »die ist oft genervt wegen meinen vielen Fragen und sagt dann, sie könne mir nicht immer sofort alle Fragen beantworten. Und dann sagt sie noch, ich solle nicht immer so ungeduldig sein.«

»… und das ist eigentlich auch gut so. Aber es gibt eben Fragen, für die braucht man Geduld.«

»Ich hätte es mir denken können«, dachte sich der Junge.

»Und falls du einmal ein Schäfer werden willst …« – »Wie kommt er jetzt darauf?«, fragte sich der Junge – »brauchst du Geduld und Wachsamkeit zugleich.«

Ja, so ist es wohl. Lisas Frage kann sich wahrscheinlich nur jeder selbst beantworten, auch wenn es Sinn macht, mit vertrauten Menschen darüber zu sprechen. Jedenfalls steht die Antwort in keinem Lexikon. Es sei denn, du siehst Träume wie eine Art Lexikon an. Welches aber nicht nur eine, vorgefertigte, Antwort parat hat, sondern verwirrenderweise immer mehrere.

→ **Könntest du bitte deinen Traum zu dieser Frage aufschreiben?**

Was bedeutet es für dich, hochbegabt zu sein?

Diese Frage haben wir vielen schlauen Füchsen und Füchsinnen aus der Grundschule gestellt. Wir fanden die ganz individuellen Antworten sehr interessant und geben deshalb hier eine Stichprobe davon wieder.

- dass ich mich anpassen muss und das ist sehr anstrengend
- ein bisschen anders und ein bisschen normal sein
- eine Strapaze
- ich brauch nicht so viel zu üben für die Schule
- dass ich einen guten Beruf machen kann
- ich bekomme von meinem Opa für jede Eins ein Eis
- dass ich weiß, wie ein Windrad funktioniert
- 70,1 % sind gut daran, 19.9 % sind schlecht
- gar nichts. Nur meine Eltern reden ständig darüber
- Stress
- ich darf auch nicht länger aufbleiben als andere
- dass ich mir mein Frühstück alleine machen darf
- mit Erwachsenen und meinem Freund – der ist schon länger auf dem Gymnasium – diskutieren zu können, weil die sich für die gleichen Themen interessieren wie ich, zum Beispiel für Schach oder die Schrift der alten Ägypter
- dass ich keine Zeit habe, meinen Hobbies nachzugehen. Ich muss immer zum Klavierunterricht, zur Russisch-AG und so was
- dass meine Mutter immer sagt, ich soll nicht so vorlaut sein
- es ist mir manchmal zuviel
- dass ich schneller lerne
- dass ich die Schule wechseln muss
- mal sehen. Wenn ich älter bin, weiß ich das
- wird leider nicht bezahlt
- dass ich darüber mit meinen Freunden nicht reden kann; die wissen gar nicht, was das ist

- ist mir egal, dass ich hochbegabt bin
- dass ich alle Hauptstädte der Welt kenne und weiß, wie viele Menschen in jeder Hauptstadt wohnen.
  Also Madrid zum Beispiel, was die Hauptstadt von Spanien ist, hat 3.200.000 Einwohner
- ich kann Weltraumfahrer werden oder Arzt

→ **Und was bedeutet es für dich?**

Vielleicht magst du dich ja mal selber interviewen

Hier nun unser selbst erarbeiteter Interview-Katalog, mit dem wir einige hochbegabte Kinder befragt haben.
Du könntest damit selbst ein Kind interviewen, das auch hochbegabt ist und das du kennst, oder du könntest dich auch selbst damit interviewen. Stell dir vor, du wärst ein Reporter oder eine Reporterin im Fernsehen und wolltest nun herausfinden, was hochbegabte Kinder so alles erleben und wo sie der Schuh drückt. Mit einem MP3-Player als Aufnahmegerät macht das richtig Spaß.

Interviewkatalog

Zum Thema Schule

- Welche Wünsche hast du an deine Lehrer, was das Thema Hochbegabung betrifft?
- Wie siehst du deine Klasse? Deine Klassenkameraden?
- Was erwarten deine Lehrer von dir?
- Wie sollte deiner Meinung nach der Unterricht aussehen?
- Wie findest du deine Lehrer?
- Was würdest du machen, wenn du Leiter oder Leiterin einer Schule wärst?
- Wie stehst du zu leistungsschwächeren Schülern?
- Wie sehen dich deine Mitschüler?
- Wie ist es für dich am besten zu lernen?
- Was langweilt dich? (In der Schule zum Beispiel)
- Interessieren dich Dinge oder Themen, von denen du in der Schule nichts erfährst? Wie gehst du damit um? Wo holst du dir die Informationen dazu?
- Findest du es richtig, dich anzupassen an das übliche Verhalten in deiner Klasse und das übliche Leistungsniveau - oder denkst du, es ist besser, eigenständig und nicht angepasst zu sein? - Versuchst du in der Schule, normal zu sein?

Zum Thema: Erfahrungen mit der eigenen Hochbegabung

- Was bedeutet für dich Hochbegabung?
- Woran merkst du, dass du hochbegabt bist?
- Wirst du manchmal gehänselt in Zusammenhang mit deiner Hochbegabung?
- Sprechen deine Eltern manchmal mit dir darüber, dass du manches besser oder schneller verstehst als deine Gleichaltrigen?
- Welche Wünsche hast du an deine Eltern, was das Thema Hochbegabung betrifft?
- Wie würdest du selbst Hochbegabung beschreiben? Worin besteht das für dich?
- Wie würdest du das jemandem erklären, der noch nie etwas von Hochbegabung gehört hat?
- Fühlst du dich anders als andere Kinder?
- Was hast du für Erlebnisse mit Gleichaltrigen, die keine schlauen Füchse sind?
- Möchtest du das manchmal vor anderen verstecken, dass du ein schlauer Fuchs bist?
- Welche Vorteile hat es für dich, hochbegabt zu sein – welche Nachteile?
- Was möchtest du anderen Kindern, die auch schlaue Füchse sind, mitteilen?
- Was erwarten deine Eltern von dir als hochbegabtem Kind?

Zum Thema: Freundschaft

- Bist du gerne unter Freunden oder lieber allein?
- Fühlst du dich manchmal fremd unter anderen Kindern?
- Hast du oft Streit mit anderen?
- Fällt es dir schwer, Freunde zu finden?
- Wie muss jemand sein, damit er dein Freund sein kann oder deine Freundin?

Zum Thema: Du selbst

- Was kannst du gut? Was kannst du nicht gut? (in den Bereichen Schule, Freunde, Familie)
- Hast du das Gefühl, besonders empfindlich zu sein?
- Was kannst du gar nicht leiden?
- Womit beschäftigst du dich gerne?
- Was fasziniert dich an den Themen, die dich interessieren? Was willst du da erfahren oder erreichen?
- Was langweilt dich im privaten Leben, im Alltag?
- Was erwartest du von dir selbst? Für später?
- Was braucht man, was müsste man lernen, um ein erfolgreicher Mensch zu werden oder zufrieden zu werden?
- Was rätst du anderen schlauen Füchsen?

Befrage doch mal deine Lehrer

Du hast in diesem Buch einiges darüber gelesen, welche Erfahrungen schlaue Füchse mit ihren Lehrerinnen und Lehrern machen, wie Lehrerinnen und Lehrer mit schlauen Füchsen umgehen und welche Meinung sie zu diesen haben.
Vielleicht möchtest du selbst einmal deine Lehrer fragen, wie sie über Hochbegabte und deren Bedürfnisse im Unterricht denken. Dann könntest du sie anhand dieses Fragenkatalogs interviewen, mit dem die Kinder unserer Buchwerkstatt ihre Lehrer befragt haben. Die Fragen haben sich die Kinder selbst ausgedacht.

Fragen für das Lehrer-Interview

- Was denken Sie über mich als hochbegabtes Kind?
- Haben Sie bemerkt, dass für Kinder wie mich der Unterricht manchmal langweilig ist?
- Wie würden Sie den Unterricht am liebsten machen?
- Wären Sie bereit, hochbegabte Kinder nach einem eigenen System zu bewerten?
- Haben Sie bemerkt, dass schlaue Füchse in Ihrer Klasse sind? Woran merken Sie das?
- Wären Sie bereit, schlauen Füchsen etwas andere Aufgaben zu stellen oder Extraaufgaben zu geben? Würden Sie eher den Stoff der nächsten Klasse geben?
- Könnten wir auch mal unterrichten?
- Könnte es mal auch einen Themenschwerpunkt geben, bei dem schlaue Füchse anderen etwas zu ihrem Lieblingsthema erzählen?
- Wären Sie bereit, auch mal andere interessante Themen im Unterricht zu behandeln als nur den Stoff, der vorgesehen ist?
- Erwarten Sie, dass hochbegabte Kinder erst den normalen Stoff richtig und vollständig machen, bevor Sie Ihnen Zusatzstoff geben?

- Was halten Sie vom Springen in die nächste Klasse bei hochbegabten Kindern?
- Finden Sie es anstrengend, hochbegabte Kinder in der Klasse zu haben? Inwiefern?
- Denken Sie, dass es für hochbegabte Kinder spezielle Schulen oder spezielle Klassen geben müsste? Wenn ja, warum? Wenn nein, warum nicht?
- Denken Sie, dass hochbegabte Kinder und Normalbegabte in der Klasse gut miteinander auskommen? Was haben Sie diesbezüglich für Erfahrungen?
- Was raten sie hochbegabten Kindern, die sich langweilen in der Schule?
- Was raten Sie hochbegabten Kindern, die nicht so gut Freunde finden in der Klasse?

Warum nicht Lehrern auch mal was zu lesen geben? Mindestens dieses Kapitel

Wenn wir mit schlauen Füchsen und Füchsinnen darüber diskutieren, wie es für sie wohl am besten ist, zu lernen, dann sagen fast alle, sie würden gerne selbständig, selbstbestimmt lernen. Und wie wir aus den Interviews mit Lehrerinnen und Lehrern erfahren haben, sind durchaus einige bereit, darauf einzugehen.

Frau Grasshoff zum Beispiel gibt Nico, der sich sehr für Mathematik-Fragen interessiert, weit über das hinaus, was gerade Lernstoff ist, Zusatzaufgaben, die er selbständig bearbeiten kann. So sagt sie zu ihm, während die Klasse gerade lernt, im Tausender-Raum malzunehmen: »Nico, sieh dir mal an, wie die alten Römer vor zweitausend Jahren das gemacht haben. Die haben nämlich ein Rechenbrett verwendet, den Abakus. Hol dir aus der Bibliothek und aus dem Internet Informationen dazu, probier es aus, damit zu rechnen. Und wenn du Lust hast, könntest du uns sogar einen Abakus selber bauen. Damit könntest du uns nächste Woche zeigen, wie das funktioniert.«

Nichts lieber als das. Nico ging mit Feuereifer daran, gab in die Suchmaschine »Abakus« ein, stöberte in Lexika in der Stadtbibliothek. Die Übungen für Deutsch mussten eben warten. Mehrere Tage verbrachte er Stunden damit, einen Abakus zu bauen, holte sich ein schönes Brett aus dem Keller seines Großvaters, bemalte es, suchte sich kleine Kieselsteine als Zahlsymbole.

Was ihn am meisten begeisterte, war, dass man den Zehner-Übergang und die Übergänge zum Hunderter- und Tausenderbereich so anschaulich darstellen kann mit dem Abakus. Er dachte sich Übungen aus für seine Klassenkameraden. Bei seinen Nachforschungen in einigen Büchern über die Geschichte der Zahlen und des Rechnens stieß er auf den Sandabakus, den er besonders spannend fand. Also wurde auch noch ein Sandabakus gebaut.

Ja, so würden viele schlaue Füchse gerne lernen. Sie brauchen nur ein paar Stichworte, ein Thema, ein paar Hinweise, wo sie dazu Infos finden, und dann wollen sie selber loslegen. Wollen sich leiten lassen von den kleinen Entdeckungen, auf die sie bei ihren Nachforschungen stoßen, wollen auftauchende Fragen vertiefen.

Während andere Kinder froh sind, nur zu einem eng begrenzten Thema, nur einem bestimmten Aufgabentyp etwas lernen zu sollen, fühlen sich hochbegabte Kinder mit solchen Vorgaben eingeengt. Wie ein Fuchs im Käfig. Der Fuchs muss aber durch die Wälder und Felder streifen können, sonst wird er traurig, kriegt einen Rappel oder er wird sogar krank.

Sich selber Informationen zusammenholen, nach eigenem Interesse Verbindungen zwischen den Informationen herstellen, Schlussfolgerungen daraus ableiten, ungeahnte neue Fragen entdecken, den Dingen auf den Grund gehen, das ist die Art, wie diese Sorte Kinder lernen will. So zerlegte Nico als nächstes eine alte mechanische Rechenmaschine, wie man sie nur noch auf dem Flohmarkt findet. Er wollte herausfinden, ob die mechanische Rechenmaschine nach dem gleichen Prinzip wie der Abakus funktioniert. Tut sie. Aber damit war für Nico die Sache keineswegs erledigt, sondern jetzt tauchte die Frage auf, ob eine elektronische Rechenmaschine nach einem ähnlichen Prinzip arbeitet. Nico ließ erst locker, als das Training für das Handball-Turnier am Wochenende anstand.

Für die meisten Kinder ist es hilfreich und sinnvoll, dass die Lehrerin den Lernstoff in kleine, gut überschaubare Häppchen aufteilt. Sie haben dann das Gefühl: »Das schaff ich« und sind vollständig zufrieden, wenn sie es geschafft haben. Sie legen das Ganze dann zur Seite, gehen Fußball spielen, Radfahren oder holen ihre PC-Spiele hervor. Für schlaue Füchse ist diese Häppchen-Art zu lernen oft wie eine Strafe. Ein Denk- und Betätigungsverbot. Fragen, die auftauchen, muss man doch nachgehen dürfen. Gut, wenn man eine so verständige Lehrerin wie Frau Grasshoff hat, die die selbstbestimmte Art des Lernens unterstützt und einbaut in ihren Unterricht.

Lehrerinnen und Lehrer, die darauf bestehen, dass alle Kinder nach dem gleichen Kleine-Häppchen-System arbeiten, verleiden manchen Kindern eher die Lust am lernen.
Vor allem, wenn die Häppchen so klein sind, dass gar keine Fragen mehr entstehen.

In Deutsch sollte Nico wie alle anderen Kinder auch als Hausaufgabe zwanzig Wörter aufschreiben, die man vorne groß schreibt, und zwanzig Wörter, die man vorne klein schreibt.
Für die meisten Kinder eine gute und sinnvolle Übung.
Für Kinder wie Nico ist das, als würde man einen Fisch am Ufer in die Sonne legen. Er trocknet aus. Nico hatte nämlich längst entdeckt, dass die Sache mit der Groß- und Kleinschreibung viel komplizierter, aber auch eigentlich interessanter ist, als sie im Unterricht dargestellt wurde. Liest man Werbung zum Beispiel, dann sieht man, dass es da noch ganz andere Regeln für Groß- und Kleinschreibung gibt – oder andere Freiheiten. Als Nico das einmal seiner Deutsch-Lehrerin erzählte – wir sagen hier ihren Namen nicht, damit keiner mit dem Finger auf sie zeigt –, regte sie sich furchtbar auf: Er sei frech und wie komme er überhaupt dazu anzuzweifeln, was sie im Unterricht sagt, und allenfalls würde man in der weiterführenden Schule über so etwas reden wie die Rechtschreibung in der Werbung und bis dahin solle er sich gefälligst beherrschen.

Hilfe!

Die Frage ist doch, muss jedes Kind sich dem üblichen Unterrichtssystem anpassen, der Kleine-Häppchen-Politik, oder kann man von Schule erwarten, dass sie solchen Kindern wie Nico entgegenkommt? Wer ist denn für wen da?
Die Kinder für die Schule oder die Schule für die Kinder?

Auf andere Kinder, die eine besondere Lernform brauchen, nimmt man ja inzwischen auch Rücksicht. So gibt es zum Beispiel besondere Schulen für musikalisch begabte

Kinder. Da müssen diese Kinder nicht so ganz viel von dem normalen Unterrichtsstoff lernen. Aber dafür haben sie sehr viel Musikunterricht. Und sie lernen schon ein Instrument in der Grundschule. Oder Kinder, die eine besondere Mühe beim Lernen des Lesens und Schreibens haben, bekommen Zusatzunterricht, und ihre Schwäche, für die sie ja nichts können, wird bei der Notengebung berücksichtigt.

Das ist prima. Aber wieso sind immer noch nicht alle Lehrerinnen und Lehrer bereit, auf die besonderen Lernbedürfnisse der hochbegabten Kinder einzugehen?

Eigentlich könnten die Lehrerinnen und Lehrer ja froh sein über die hochbegabten Kinder. Die meisten *wollen* nämlich lernen, was man nicht von allen Kindern behaupten kann (jedenfalls soweit es um Schulstoff geht).

Kurzum, schlaue Füchse suchen die immer neue Herausforderung. Wie ein Bergsteiger, der sich an immer steilere Bergwände traut.

Also, verehrte Lehrerinnen und Lehrer, wir bitten Sie höflich und dringlich, geben Sie den schlauen Füchsen die Gelegenheit zu selbständigem Lernen. Jedenfalls in den Fächern, wo sie gut sind. Sie werden dankbare und zufriedene Schüler haben.

→ Wenn du, liebe Leserin, lieber Leser, das für dich richtig findest, was wir in diesem kleinen Kapitel aufgeschrieben haben, könntest du es auf www.info3.de auf der Shopseite dieses Buches downloaden und an Lehrerinnen und Lehrer deiner Schule verteilen. Die Erwachsenen finden auch Informationen unter www.dghk.de
Mit einem schönen und freundlichen Gruß vom Team der Buchwerkstatt.

Die Kinder der »Buchwerkstatt Dortmund«: Anna Katharina Krause, Lisa Schenk, Jan-Philipp Stratmann, Lukas Fabian – Jonas Schneider war nicht dabei – überreichen ihr Manuskript auf der Frankfurter Buchmesse.

Foto: Daniel Fabian

Zum Schluss: Wie es weitergehen kann

Nun haben wir einige Geschichten erzählt um hochbegabte Kinder, damit ihr, liebe Leserinnen und Leser, seht, was solche Kinder erleben und wie sie damit umgehen, dass sie hochbegabt sind. Ihr habt gesehen, dass jedes Kind anders damit lebt. Jedes Kind hat seinen eigenen Weg.

Dieses Buch möchte ein Begleiter sein für schlaue Füchse und Füchsinnen auf ihrem Weg in ihre Zukunft. Grundlage der Geschichten, die wir hier erzählt haben, sind Berichte von Kindern, die an unserer Buchwerkstatt teilgenommen haben, von hochbegabten Kindern, die wir interviewt haben, von Lehrerinnen, die unseren Fragebogen zum Thema »Wie gehen Sie mit hochbegabten Kindern in Ihrer Schule um?« ausgefüllt haben, und schließlich von Eltern von hochbegabten Kindern. Allen Kindern und Erwachsenen, die bereit waren, unsere Fragen zu beantworten, sei sehr herzlich gedankt.

Schlaue Füchse können sich gegenseitig unterstützen, sich gegenseitig ihre Erfahrungen und Tips zur Verfügung stellen. Dafür ist dieses Buch da. Im Internet gibt es einige Seiten, über die hochbegabte Kinder untereinander in Verbindung treten können, zum Beispiel über → www.kids.mensa.de.

Schlaue Füchse heißen nicht zufällig schlaue Füchse. Denn ihr Wappentier, der Fuchs, ist dafür bekannt, dass er nicht nur intelligent ist, er hat vor allem sehr feine Sinnesorgane. So kann er einen Regenwurm *hören*, der ein paar Zentimeter unter der Erdoberfläche daher kriecht. Junge Füchse werden früh selbständig, weil sie sehr aufmerksam sind, schnell lernen und sich viele eigene Gedanken machen zu dem, was sie beobachten und erleben. Füchse kommen später sehr gut zurecht, in jeder Art von Umgebung.

Das ist genau das, was wir auch unseren Leserinnen und Lesern für ihren Weg in ihre Zukunft wünschen.

Weitere Titel von Mathias Wais bei Info3 / Mayer

Mathias Wais
Kindheit und Jugend heute
Sinn und Unsinn der Erziehung
1. Auflage 2000, 272 Seiten, Broschur, ISBN 978-3-932386-45-9

Mathias Wais
Suchtprävention beginnt im Kindesalter
Erziehung als Begleitung zur Eigenständigkeit
1. Auflage 2002, 84 Seiten, Broschur, ISBN 978-3-932386-63-3

Mathias Wais / Ingrid Gallé
... der ganz alltägliche Missbrauch
Aus der Arbeit mit Opfern, Tätern und Eltern
2. überarbeitete und erweiterte Auflage 2008
224 Seiten, Broschur, ISBN 978-3-86783-007-2

Mathias Wais
Ich bin, was ich werden könnte
Entwicklungschancen des Lebenslaufs
Aus der Biographieberatung
5. Auflage 2014, 272 Seiten, Broschur, ISBN 978-3-932386-50-3

Mathias Wais / Ulrich Meier
Projekt Mann
Was ist Männlichkeit – und wenn ja, warum nicht?
1. Auflage 2003, 176 Seiten, Broschur, ISBN 978-3-932386-67-1

Mathias Wais
Trennung und Abschied
Wenn Menschen auseinander gehen
3. Auflage 2014, 140 Seiten, 1 Abb., Broschur
ISBN 978-3-95779-011-8

Mathias Wais
Als Marilyn Monroe in den Himmel kam
Diskurs über die moderne Biographie
1. Auflage 2005, 136 Seiten, Broschur, ISBN 978-3-932386-81-7

Mathias Wais
Töte, Lama, noch einmal
Karmathriller
1. Auflage 1999, 280 Seiten, Broschur, ISBN 978-3-932386-25-1

Weitere Titel zur Hochbegabung aus dem Info3 Verlag Empfohlen von der Deutschen Gesellschaft für das hochbegabte Kind

Christa Rüssmann-Stöhr, Hagen Seibt
Mit intelligenten Kindern intelligent umgehen
Ratgeber für Eltern, Lehrer und Erzieher von hochbegabten Kindern
Illustrationen von Thomas Plaßmann
3. Auflage 2019, 266 Seiten, Broschur, ISBN 978-3-95779-022-4

Deutsche Gesellschaft für das hochbegabte Kind (Hg)
Alltag mit hochbegabten Kindern
Ein Wegweiser
Mit Beiträgen von Ellen Evers, Inge Hausen-Müller, Jutta Kocke, Petra Leinigen, Vera Losemann, Tomke Müller, Anne Rössel, Martina Rosenboom
4. Auflage 2018, 72 Seiten, Broschur, ISBN 978-3-95779-049-1

Christian Boettger (Hg.)
Waldorfpädagogik und Hochbegabung
Fragen | Methoden | Anregungen
1. Auflage 2023, 328 Seiten, Broschur, ISBN 978-3-95779-173-3
(Auch als E-Book erhältlich: ISBN 978-3-95779-177-1)

Weitere Titel unter www.info3.de

Deutsche Gesellschaft für das hochbegabte Kind
DGhK

Die Deutsche Gesellschaft für das hochbegabte Kind e.V. (DGhK) wurde 1978 von Wissenschaftlern und Lehrern gegründet. Mittlerweile gehören unserer Gesellschaft über 3.000 Mitglieder (Familien und Institutionen) mit ihren Kindern aus allen sozialen Schichten an.
Die DGhK ist ein bundesweit tätiger gemeinnütziger Verein, der sich für die Förderung hochbegabter Kinder und Jugendlicher einsetzt. Er ist gegliedert in einen Bundesverein und 14 Regionalvereine.

Der Vereinszweck wird erreicht durch

→ Beratung hochbegabter Kinder und ihrer Eltern
→ Elterngesprächskreise
→ Förderangebote für hochbegabte Kinder
→ Beratung und Fortbildung für Lehrer und Erzieher
→ Herausgabe der Vereinszeitschrift Labyrinth
→ Vernetzung mit in- und ausländischen Organisationen

Info3 Verlag
Kirchgartenstr. 1, 60439 Frankfurt
Telefon 069-58 46 47,
vertrieb@info3.de
www.info3.de